Links–Nietzscheanismus

«Aufrecht geht mir bei Zeiten,
oh meine Brüder, lernt aufrecht gehn!»
(Nietzsche, *Also sprach Zarathustra*)

Gewidmet meinen Gefährtinnen und Gefährten
im Kampf um die Befreiung.

Paul Stephan

Links–Nietzscheanismus

Eine Einführung

Band 1: Nietzsche selbst

Schmetterling Verlag

Bibliografische Informationen der Deutschen Nationalbibliothek
Die Deutsche Nationalbibliothek verzeichnet diese Publikation in der Deutschen Nationalbibliografie; detaillierte bibliografische Daten sind im Internet über http://dnb.d-nb.de abrufbar.

Schmetterling Verlag GmbH
Libanonstraße 72A
70184 Stuttgart
www.schmetterling-verlag.de
Der Schmetterling Verlag ist Mitglied von aLiVe,
der assoziation Linker Verlage.
ISBN 3-89657-089-7
2. Auflage 2022
Printed in Poland

Satz und Reproduktionen: Schmetterling Verlag
Druck: sowa, Warschau, Polen

Inhalt

Gebrauchseinleitung

Ursprünglich sollte das vorliegende Buch als ein Band erscheinen, der eine systematische Einführung in Nietzsche mit einem historischen Abriss seiner Rezeptionsgeschichte kombiniert. Um den Charakter eines schmalen Einführungsbandes, der auch für weniger betuchte Leser[1] erschwinglich ist, zu bewahren, wurde entschieden, es in zwei Bände zu gliedern: Einen ersten Band, der vor allem Nietzsche selbst gewidmet sein soll, sowie einen zweiten, der sich mit seiner Aneignungsgeschichte beschäftigt. Zu betonen ist dabei allerdings, dass beide Bände trotz dieser Teilung eine Einheit bilden und insbesondere der Schlussteil dieses Bandes nur vollständig verständlich ist, wenn man den historischen Teil gelesen hat.

In Zitaten werden der Einfachheit halber Markierungen im Original stets kursiviert wiedergegeben. Anmerkungen von mir stehen in eckigen Klammern ohne weitere Ausweisung. Stehen im Original Passagen in eckigen Klammern, wird das in der Literaturangabe vermerkt.

Alle zitierten Texte werden unter Angabe des Verfassers, eines Kurztitels und der jeweiligen Seitenzahl (sofern vorhanden) zitiert, in einigen Fällen zusätzlich Aphorismen- oder Abschnittsnummern. Die vollständigen bibliographischen Angaben finden sich im Literaturverzeichnis, das von der Homepage des Verlages kostenlos abgerufen werden kann (www.schmetterling-verlag.de). Dort ist ebenfalls ein Names- und Sachregister für beide Bände zu finden. Sofern nicht anders angegeben, wurden fremdsprachige Texte von mir selbst ins Deutsche übersetzt.

Aus Nietzsches Werken wird stets unter Angabe von Siglen zitiert, die im Literaturverzeichnis aufgelistet sind, und zwar,

1 In diesem Buch wird auf die in vielen linken Publikationen inzwischen geradezu zum Schibboleth einer adäquaten Gesinnung gewordene ‹Genderung› bewusst verzichtet. Nicht nur wird der Ästhetik des Textes und dem Lesefluss durch sie Gewalt angetan: Die von den meisten Befürwortern der ‹Genderung› vorausgesetzte Gleichsetzung von grammatikalischem und biologischem Geschlecht ist sprachwissenschaftlich umstritten. Damit soll die Debatte um eine patriarchale Überformung der Sprache keinesfalls diskreditiert werden, sie ist im Gegenteil eine der wichtigsten und nötigsten Diskussionen unserer Zeit. Es war Nietzsche selbst, der als einer der ersten auf den Herrschaftscharakter der Sprache hingewiesen hat. Wir werden auf diese Thematik zurückzukommen haben!

im Fall der Schriften gemäß der von Giorgio Colli und Mazzino Montinari besorgten *Kritischen Studienausgabe*, im Fall der Briefe gemäß der *Kritischen Gesamtausgabe*. Auf die Seitenangabe wurde dabei verzichtet, stattdessen wird der jeweilige Abschnitt angegeben (entweder seine Nummer oder sein abgekürzter Titel). Sofern sich beides aus dem Fließtext klar ergibt, wird auf jede weitere Quellenangabe verzichtet.

Die *Kritischen Gesamtausgabe*, mit der die *Kritische Studienausgabe* textidentisch ist, gilt als die wissenschaftliche Standardedition von Nietzsches Schriften. Mit der Arbeit an ihr wurde in den 1960er-Jahren begonnen; sie ist noch immer nicht ganz abgeschlossen.

Auf die Geschichte der Nietzsche-Edition, die mit derjenigen seiner Rezeption untrennbar verbunden ist, und die Spezialitäten (aber auch Probleme) dieser Edition wird im Buch noch eingegangen werden. An dieser Stelle kann allerdings die Empfehlung ausgesprochen werden, mit der *Kritischen Studienausgabe* zu arbeiten – wobei es freilich eine große Vielzahl ansprechender und teilweise auch günstigerer Ausgaben von Nietzsches Texten gibt, die ebenso in Ordnung sind. Was die eigentlichen *Werke* angeht (also die von Nietzsche autorisierten zur Publikation bestimmten Schriften) sind die Unterschiede aller seriösen Ausgaben für den Hausgebrauch zu vernachlässigen, da sie alle auf denselben Ausgaben letzter Hand basieren, an denen es nur wenig zu rütteln gibt. Bei allen anderen Texten (Briefen, Nachlassfragmenten, nicht voll autorisierten Texten wie z. B. *Ecce homo*) sind die sonstigen existierenden Ausgaben oft unzuverlässig im Vergleich zur *Studienausgabe*, so dass von ihrer Anschaffung geradezu abgeraten werden kann.

Auf der *Kritischen Gesamtausgabe* basiert auch weitgehend das Online-Portal *nietzschesource.org*, auf dem bis auf wenige Ausnahmen wie bspw. seine privaten Aufzeichnungen vor 1869 alle erhaltenen Texte Nietzsches zu finden sind. Alle diese Texte sind durchsuchbar und es ist sehr benutzerfreundlich gestaltet. Darüber hinaus beinhaltet es weitere Materialien wie die Scans sämtlicher Notizhefte und Druckmanuskripte ab 1864 und ein Onlinejournal namens *Studia Nietzscheana*. Ein Ausbau dieser Seite zu einem umfassenden Netzwerk, das z. B. auch die Quellen Nietzsches miteinbezieht, ist geplant; bereits jetzt finden sich in einigen Texten Links zu Aufsätzen aus dem Journal. Für jeden, der zu Nietzsche forschen will, ist so ein geradezu unverzichtbares Werkzeug entstanden – und natürlich auch für jeden, der z.B. einfach mal nachsehen will, was Nietzsche so über Rousseau oder über den Rausch schreibt. Freilich ein Werkzeug, das auch eine Versuchung darstellt, Nietzsches Texte nur äußerst selektiv und häppchenweise zu konsumieren. Eine solche Zugangsweise ist angesichts von Nietzsches fragmentarischem Schreibstil durchaus *möglich* – doch wer Nietzsche wirklich *verstehen* will, dem ist es nach wie vor anzuraten, sich seine Texte (vor allem: seine *Werke*) als Buch zu besorgen und ganz klassisch von vorne bis hinten durchzulesen. Denn selbst seine Aphorismen stehen nie isoliert, sondern stets in einem sorgsam entworfenen Beziehungsnetz zu anderen, aus dem herausgerissen sie oftmals eine schiefe Bedeutung erhalten.[2] Bestes Beispiel: Der berühmte Aphorismus 125 der *Fröhlichen Wissenschaft*, aus dem der Satz «Gott ist todt» stammt, der isoliert gelesen eine völlig andere Bedeutung erhält als im Kontext des gesamten Buches, in dem das Wort «Gott ist todt» schon im 108. Aphorismus quasi als Überschrift des gesamten dritten Hauptteils eingeführt wird.

Nietzsche selbst zu lesen – das ist ohnehin der beste Rat an alle Nietzsche-Interessierten. Es existiert ansonsten eine große Zahl von Einführungen in Nietzsches Leben und Werk, von denen einige ausgewählte im Verlauf dieses Buches vorgestellt werden. Man sollte sich auf diese Einführungen jedoch schon allein aus diesem Grund nicht verlassen, da sie den Inhalt der Texte ja notwendig in einer anderen Form wiedergeben müssen als sie geschrieben sind, die Form von Nietzsches Texten jedoch, wie wir immer wieder sehen werden, zu ihrem Verständnis ganz wesentlich ist. Sie sind zu dem Zweck geschrieben, ihre Leser zu einer Entdeckungsreise zu verführen und Nietzsche bietet alle möglichen rhetorischen Verfahren an, um ihn zu diesem Zweck zu berühren. Eine Entdeckungsreise mit welchem Ziel? Einen Hinweis darauf gibt vielleicht der 517. Aphorismus der *Morgenröthe:*

> *Zur Liebe verführen.* – Wer sich selber hasst, den haben wir zu fürchten, denn wir werden die Opfer seines Grolls und seiner Rache sein. Sehen wir also zu, wie wir ihn zur Liebe zu sich selber verführen!

---

2 Warum Nietzsche dieses Netzwerk so konstruierte wie er es tat – also seine Aphorismen z.B. in dieser und nicht in jener Reihenfolge anordnete – kann eine äußerst erhellende Leitfrage sein, wenn man die wirkliche Tiefendimension von Nietzsches Schriften verstehen möchte.

Prolog: Die Nietzsche-Front. Ein soziales Experiment

Man stelle sich vor: Eine politische Bewegung, die sich streng auf Nietzsche verpflichtet, der selbst davon sprach, dass «eine neue Partei des Lebens»[3] zu gründen sei. Wie würde eine solche Partei aussehen und wer würde sich ihr anschließen? Und noch dazu in der heutigen Zeit? Wäre es eine Partei, die sich der «Neuen Rechten» zuordnen ließe? Eine spinnerte Gruppe von Freaks und Künstlern? Anarchopunks? Radikalfeministinnen? Querfront-Skins? Weltfremde Philosophiestudenten? Bärtige Nudisten? (Fast) alles erscheint angesichts der so heterogenen politischen Wirkungsgeschichte Nietzsches vorstellbar. Die Formulierung «Partei des Lebens» ist zumal offen genug, um alle möglichen Projektionen auf sich zu ziehen: Wer, außer ein paar Islamisten und Faschisten vielleicht, will schon offen für den Tod und gegen «das Leben» sein?

Nietzsche selbst definierte die Mission jener Partei wie folgt: Sie solle «die grösste aller Aufgaben, die Höherzüchtung der Menschheit in die Hände» (ebd.) nehmen. Der Begriff der «Züchtung» mag in manchen Ohren bereits Schlimmes erahnen lassen, doch der Satz ist noch keineswegs zu Ende: «[E]ingerechnet die schonungslose Vernichtung alles Entartenden und Parasitischen, wird jenes *Zuviel von Leben* auf Erden wieder möglich machen, aus dem auch der dionysische Zustand wieder erwachsen muss» (ebd.). Da fallen einem erst einmal die Kinnladen runter. Geht es also um ein biologistisches Vernichtungsprogramm? Man sollte im Hinterkopf behalten, dass die Vorstellung, dass eine eugenische Bevölkerungspolitik die Aufgabe des Staates sei, damals noch nicht klar rechts besetzt war, Vorreiter waren diesbezüglich etwa in den 1920er-Jahren die bereits damals stark sozialdemokratisch geprägten skandinavischen Länder, die u. a. Gesetze zur massenhaften Zwangssterilisation ‹erbkranker› Menschen verabschiedeten.[4] Doch das än-

3 EH, GT 4.

4 In Schweden wirkte die Links–Nietzscheanerin Ellen Key in diesem Sinne.

dert am Kern der Sache nichts – zumal es Stellen bei Nietzsche gibt, die eine solche Lesart dieses Satzes eindeutig nahelegen.[5]

Doch man kann diesen Satz vor dem Hintergrund von Nietzsches Kulturkritik durchaus auch metaphorisch verstehen: Die «entartenden» und «parasitischen» Elemente, die es zu bekämpfen gelte, wären dann diejenigen kulturellen Kräfte – wie in Nietzsches Augen etwa die Kirche, große Teile der Wissenschaft und des politischen Systems –, die für einen verarmten und nihilistischen Zugang zum Leben stehen. Sie stehen denjenigen, die schöpferisch und kreativ sind, nur im Wege und haben darum eigentlich keine Daseinsberechtigung. Eine Revolte der offenen, heiteren, lebensbejahenden Individualisten gegen Spießer, Opportunisten und Bürokraten also? Die bunte Macht der Menge gegen die grauen Banker in ihren Hochglanztürmen?

Klar kulturkritisch in diesem Sinne liest sich etwa die «Vorrede» von *Also sprach Zarathustra*. Nietzsche erzählt dort, wie sich der Titelheld des Buches von den Bergen, in die er sich zurückgezogen hat, in das Tal hinabbegibt, um den Menschen seine «frohe Botschaft» zu predigen. Er verkündet der auf dem Marktplatz versammelten Menge seine Lehre in zwei Teilen: Zunächst als positive, inhaltlich jedoch recht offen bleibende Vision des «Übermenschen» als sinnstiftendes Ziel aller menschlichen Anstrengungen; dann als negatives Gegenbild, als «letzten Menschen», der keine Ziele mehr hat und sich in einer ni-

---

5 Man nehme nur einmal diese Stelle, in der es um das altindische Gesetzbuch des Manu geht, in dem das Kastensystem kodifiziert wurde. Der Kontext ist, dass Nietzsche von dem dort verfügten Ausschluss der «Tschandala» aus der Gesellschaft schwärmt: «Diese Verfügungen sind lehrreich genug: in ihnen haben wir einmal die *arische* Humanität, ganz rein, ganz ursprünglich, – wir lernen, dass der Begriff ‹reines Blut› der Gegensatz eines harmlosen Begriffs ist. Andrerseits wird klar, in *welchem* Volk sich der Hass, der Tschandala-Hass gegen diese ‹Humanität› verewigt hat, wo er Religion, wo er *Genie* geworden ist... Unter diesem Gesichtspunkte sind die Evangelien eine Urkunde ersten Ranges; noch mehr das Buch Henoch. – Das Christenthum, aus jüdischer Wurzel und nur verständlich als Gewächs dieses Bodens, stellt die *Gegenbewegung* gegen jede Moral der Züchtung, der Rasse, des Privilegiums dar: – es ist die *antiarische* Religion par excellence: das Christenthum die Umwerthung aller arischen Werthe, der Sieg der Tschandala-Werthe, das Evangelium den Armen, den Niedrigen gepredigt, der Gesammt-Aufstand alles Niedergetretenen, Elenden, Missrathenen, Schlechtweggekommenen gegen die ‹Rasse›, – die unsterbliche Tschandala-Rache als *Religion der Liebe*...» (GD, *Verbesserer* 4)

hilistischen Welthaltung eingerichtet hat. Seine Beschreibung liest sich wie eine nach wie vor gültige Satire auf die moderne Gesellschaft:

> «Was ist Liebe? Was ist Schöpfung? Was ist Sehnsucht? Was ist Stern?» – so fragt der letzte Mensch und blinzelt.
>
> Die Erde ist dann klein geworden, und auf ihr hüpft der letzte Mensch, der Alles klein macht. Sein Geschlecht ist unaustilgbar, wie der Erdfloh; der letzte Mensch lebt am längsten.
>
> «Wir haben das Glück erfunden» – sagen die letzten Menschen und blinzeln.
>
> Sie haben die Gegenden verlassen, wo es hart war zu leben: denn man braucht Wärme. Man liebt noch den Nachbar und reibt sich an ihm: denn man braucht Wärme.
>
> Krankwerden und Misstrauen-haben gilt ihnen sündhaft: man geht achtsam einher. Ein Thor, der noch über Steine oder Menschen stolpert!
>
> Ein wenig Gift ab und zu: das macht angenehme Träume. Und viel Gift zuletzt, zu einem angenehmen Sterben.
>
> Man arbeitet noch, denn Arbeit ist eine Unterhaltung. Aber man sorgt, dass die Unterhaltung nicht angreife.
>
> Man wird nicht mehr arm und reich: Beides ist zu beschwerlich. Wer will noch regieren? Wer noch gehorchen? Beides ist zu beschwerlich.
>
> Kein Hirt und Eine Heerde! Jeder will das Gleiche, Jeder ist gleich: wer anders fühlt, geht freiwillig in's Irrenhaus.
>
> «Ehemals war alle Welt irre» – sagen die Feinsten und blinzeln.
>
> Man ist klug und weiss Alles, was geschehn ist: so hat man kein Ende zu spotten. Man zankt sich noch, aber man versöhnt sich bald – sonst verdirbt es den Magen.
>
> Man hat sein Lüstchen für den Tag und sein Lüstchen für die Nacht: aber man ehrt die Gesundheit.
>
> «Wir haben das Glück erfunden» – sagen die letzten Menschen und blinzeln. –[6]

Die Pointe dieser Stelle freilich: Die Menge hält den «letzten Menschen» für ein erstrebenswertes Ideal, sie versteht Zarathustra nicht. Missverstanden und vereinsamt beschließt Zarathustra fortan, die Masse zu meiden und nur noch zu einer kleinen

6 Za *Vorrede* 5.

Gruppe von Erlesenen zu sprechen, «[d]en Schaffenden, den Erntenden, den Feiernden»[7].

Nietzsche inszeniert seine Botschaft also als eine, die dem modernen Zeitgeist vollkommen zuwiderläuft, zugleich jedoch diejenigen anspricht, die sich in irgendeiner Hinsicht von der ‹tumben Masse› abheben. Ist das ein fragwürdiger Elitismus? Eine manipulative rhetorische Strategie, um dem Leser zu schmeicheln? Oder in Ordnung, insofern der Untertitel des Buches ja «Ein Buch für Alle und Keinen» lautet und sich insofern jeder und jede angesprochen fühlen mag von Zarathustras Lehre?

Adressiert sind hier jedenfalls diejenigen, die keinem kleingeistigen Hedonismus frönen, denen es im Leben um mehr geht als Kind, Karriere und Eigenheim, die sich für irgendwie ‹verrückt› halten, aber auch keine Lust haben, eine Therapie zu machen. Eigenwillige Menschen also, die sich in der modernen Welt nicht zu Hause fühlen. Als so einer sieht sich Nietzsche, für ‹solche› will er schreiben. Doch lässt sich damit Politik machen? Können sich unter diese Menge der ‹Freaks und Freigeister› nicht auch Neonazis, Islamisten und Verschwörungsmythologen subsumieren? Nietzsche kann hier so verstanden werden, dass er im Namen eines libertären Individualismus Gleichschaltung und Konformismus kritisiert – doch zugleich scheint er sich auch daran zu stören, dass es in der modernen Welt keine sozialen Hierarchien mehr gebe.

Ein weiterer überwiegend positiv konnotierter Gegenbegriff Nietzsches zur modernen Eintönigkeit und Leere ist derjenige des Experiments. Von einem bunten Zeitalter träumt er, «das viele Experimente des Lebens machen soll»[8] und einer «Experimental-Philosophie»[9] («wie ich sie lebe», fügt er hinzu). Insofern hielt es der Verfasser des vorliegenden Buches für angebracht, einfach mal die Probe aufs Exempel zu machen. Er gründete eine politische Tarnorganisation namens «Die Nietzsche-Front», intervenierte mit ihr in unterschiedliche politische Kontexte – überwiegend über soziale Medien, aber auch über Flugblätter, die auf unterschiedlichen Demos verteilt wurden – und beobachtete, wie die Leute darauf reagierten, mit einer Gruppe von Leuten konfrontiert zu werden, die ernsthaft der Ansicht zu

7 Za *Vorrede* 9.
8 NF 1880 3[6].
9 NF 1888 16[32].

sein scheinen, mit Nietzsche die Welt verändern und aus seiner Philosophie ein politisches Programm ableiten zu können.

Der politischen Vieldeutigkeit Nietzsches wurde dabei soweit entsprochen, als dass die Nietzsche-Front recht willkürlich zwischen rechts und links changierte, mal bei Pegida in Dresden auftauchte und mal bei der Bremer Montagsdemo. Die beiden Flugblätter der Gruppe befinden sich im Anhang dieses Buches und dort steht auch der Link zur ihrer Facebook-Seite, über die sich weiteres über ihr buntes Wirken in Erfahrung bringen lässt. Wer einen Beweis braucht, wie man anhand von Nietzsche-Zitaten sowohl eine konsistente rechte als auch eine konsistente linke Position ableiten kann, die sich untereinander diametral widersprechen, der lese diese beiden Pamphlete.

Das Fazit, kurz gesagt: Die ganze Sache juckte niemanden so recht. Es fanden sich von Anfang an so gut wie keine Freiwilligen, die bei der Aktion mitmachen wollten (wohl, weil den meisten Befragten das Ziel und die politische Ausrichtung zu uneindeutig waren), die Facebookseite zählte kurz vor der Fertigstellung dieses Buches im Juli 2019 dürftige 37 Likes und 41 Abonnenten, die Twitter-Seite und der Youtube-Kanal jeweils null Follower. Bei den linken Demos, die wir besuchten, stießen wir auf eine freundliche Toleranz – die sich freilich schnell als ein getarntes Desinteresse entpuppte, bei Pegida trauten wir uns dann doch nicht, ein Flugblatt zu verteilen, das zum Krieg aufrief: Denn zu groß und realistisch erschien uns die Gefahr, von den sich als strikte Antimilitaristen verstehenden Pegidisten verprügelt oder jedenfalls auf unangenehme Art von der Demo gejagt zu werden. Unsere größte Resonanz erhielten wir in der Form von unzähligen Hasskommentaren von Putin-Fans, als wir eine Zeit lang militant proukrainische Propaganda posteten. Und wir stießen auf einen abseitigen Philosophenkünstler oder Künstlerphilosophen, der sich wohl ganz unsatirisch in der Gründung einer «Partei des Lebens» versucht. Kurz vor Abschluss des Buches erreichten wir es immerhin sogar noch, dass einer unserer kriegsverherrlichenden Kommentare von Facebook zensiert wurde.

Interessiert also Nietzsches Lehre auch heute niemanden (mehr) – zumindest niemanden, der politisch aktiv ist? Oder sind wir die ganze Sache falsch angegangen? Das Ergebnis des Experiments bestätigt jedenfalls auch die allgemeine Erfahrung des Autoren: Zwar schmücken sich Politiker und Aktivisten immer wieder gerne mit Nietzsche-Zitaten, doch wirklich ernst genommen wird er als politischer Denker außerhalb enger Theoretikerzirkel nirgends; die meisten Nietzsche-Enthusiasten haben einen weitgehend unpolitischen Zugang zu ihm und finden allzu politische Lesarten meist verfehlt.

Vielleicht ist Nietzsche auch einfach ausgelutscht und überforscht? Geht von ihm, wie Jürgen Habermas es 1968 formulierte, «nichts Ansteckendes»[10] mehr aus (ein Satz, auf den wir noch zurückzukommen haben)? Einen kleinen Hoffnungsschimmer erblickte der Autor freilich während seiner teilnehmenden Beobachtung an einer Demonstration der Gelbwesten im März 2019 in Montpellier – er ist ganz am Ende des Buches abgedruckt.

Dieses Buch will jedenfalls zeigen, dass es sich in der Vergangenheit durchaus anders verhielt und es eine äußerst vielfältige, spannende und relevante politische Rezeptionsgeschichte Nietzsches gegeben hat: unter Theoretikern und Künstlern, aber durchaus auch unter Aktivisten (auch wenn sie in diesem Buch eher eine Nebenrolle spielen werden). Von ‹beiden Seiten› des politischen Spektrums wurde Nietzsche angeeignet, aber ganz besonders eben auch von links. Und mit Sicherheit ist diese *Aneignungs*geschichte noch nicht zu Ende, denn Nietzsche bleibt ein Denker von nicht zuletzt auch politischer Relevanz – hoffentlich.

10 *Nachwort*, 237.

I. Einführung der Einführung: Das Problem des Links–Nietzscheanismus

1. Gedankenstriche

Schon der Titel des vorliegenden Buches ist eine Übung in der Grundeigenschaft eines jeden guten Nietzsche-Lesers: der Fähigkeit zur *genauen* Lektüre. Oftmals sind es winzige Details – Gedankenstriche, Sperrungen, Auslassungspunkte –, die in Nietzsches Texten eine komplette semantische Sinnverschiebung anzeigen. Mit Bedacht wurde nämlich ein Gedanken- und kein Bindestrich gewählt. Denn in gewisser Weise ist die Rede vom «Links–Nietzscheanismus» ein Oxymoron: An den linken Bewegungen seiner Zeit lässt Nietzsche kein gutes Haar, er hetzt gegen sie oft auf dem Niveau eines Stammtischdemagogen. Zwar teilt er auch oft genug gegen das bürgerliche und das rechte Lager, etwa gegen Liberale, Nationalisten und Antisemiten, aus – doch *prima facie* gibt es in Nietzsches Texten wenig, was ihn zu einem Philosophen der Linken prädestiniert. Bestenfalls wie ein unpolitischer Freigeist wirkt er, ein «Unzeitgemäßer», dessen scharfem Blick jede politische Ideologie anheimfällt. Und auch, wenn man die Rezeptionsgeschichte betrachtet, ist Nietzsches Name, zumal in Deutschland, unvermeidlich mit Krieg und Völkermord verknüpft. Vom Links–Nietzscheanismus, soviel steht, Horkheimers berühmten Ausspruch über Kapitalismus und Faschismus variierend,[11] fest, kann nur sprechen, wer von seinem rechten Gegenstück nicht schweigt. Eine ernstzunehmende Einführung in den Links– muss gleichermaßen auch eine in den Rechts–Nietzscheanismus sein.

11 «Wer aber vom Kapitalismus nicht reden will, sollte auch vom Faschismus schweigen», schrieb Horkheimer kurz vor Ausbruch des Zweiten Weltkriegs in der *Zeitschrift für Sozialforschung (Die Juden und Europa*, 115).

Dennoch kann ebenso wenig geleugnet werden, dass Nietzsche längst ein Teil des linken Kanons geworden ist. Auch wenn die These von Nietzsche als einem Vordenker des Nationalsozialismus weiterhin in zahlreichen Publikationen vertreten wird und Nietzsche, zumal in der akademischen Philosophie, von vielen als un- oder sogar anti-politischer Aufklärer gelesen wird, hat nicht zuletzt die französische Nietzsche-Rezeption nach dem Zweiten Weltkrieg dazu beigetragen, Nietzsche als einen Philosophen der Linken fest zu etablieren; insbesondere in der englisch- und französischsprachigen Diskussion scheint die linke Nietzsche-Rezeption sogar die dominante zu sein, einigen gilt Nietzsche noch vor Marx sogar als *der* wahre radikale Theoretiker des 19. Jahrhunderts. Der Gedankenstrich fasst somit Einheit *und* Differenz, Nähe *und* Distanz gleichermaßen. Eine Zweideutigkeit, die uns ebenfalls noch häufiger begegnen wird, wenn wir uns Nietzsche zu nähern versuchen.

Einheit und Differenz gleichermaßen kennzeichnet auch die Bewegung des Links–Nietzscheanismus selbst. Es handelt sich dabei unbestreitbar um eine geistige Strömung, die eine gewisse Einheitlichkeit kennzeichnet und die eine der wichtigsten Strömungen in der Kulturgeschichte der Moderne ist. Trotz aller Brüche haben wir es doch mit einem roten Faden zu tun, der so unterschiedliche Figuren wie Gustav Landauer, Theodor W. Adorno oder Michel Foucault miteinander verknüpft. Ebenso verhält es sich mit Nietzsche selbst: Auch wenn sein Werk uneindeutig und sogar widersprüchlich genug ist, um Anarchisten, Faschisten, Freigeistern und Rationalisten gleichermaßen als Steinbruch zu dienen, ist es doch auch nicht so, dass man alles mit Nietzsche anstellen könnte. «Sage mir, was du brauchst, und ich will dir dafür ein Nietzsche-Zitat besorgen»[12], schrieb Kurt Tucholsky (1890–1935) 1932 mit Blick auf die Vereinnahmung und Verfälschung Nietzsches durch die Nazis. Das war auch polemisch gegen den Vereinnahmten selbst gerichtet, diesen «Freund der Wahrheit und [...] Schwippschwager der Lüge» (ebd.). Diese Beobachtung ist nicht falsch: Während es bei Denkern wie Platon, Kant, Heidegger, Marx oder Hegel genug Uneindeutigkeiten und Interpretationsspielräume gibt – dass solche bestehen, scheint geradezu Grundbedingung der Mitgliedschaft im ‹Club der großen Denker› zu sein –, existiert bei ihnen doch auch ein hinreichendes Maß an Eindeutigkeiten,

12 *Fräulein Nietzsche*, 58.

denen niemand ernsthaft widersprechen würde, wenn er nicht gerade Dekonstruktivist ist. Bei Nietzsche verhält es sich demgegenüber komplizierter. Alle Versuche, ihm bestimmte ‹Hauptlehren› zu unterstellen, haben sich gründlich desavouiert – und er selbst beansprucht eine solche Einheitlichkeit auch nicht: Uneinheitlichkeit und sogar Widersprüchlichkeit sind bei ihm keine Unfälle, sondern Methode. Für die klassischen Philosophen und ihren Hang zur Vereindeutigung der Uneindeutigkeit der Welt hat er nur Spott übrig – zumindest, das muss hier gleich hinzugefügt werden, *meistens*. Das radikale Potential von Nietzsches Denken liegt nicht zuletzt in diesem entscheidenden Punkt: Nietzsche ist der Anti-Philosoph *par excellence*.

2. Metaphernkunde: Aneignung statt Wirkung

Was sind nun genau diese vielfarbigen Fäden, die Nietzsche und den Nietzscheanismus miteinander verbinden? Schon allein diese Frage führt vor ein weiteres Problem: Von welcher Art ist überhaupt die Verbindung, die zwischen verschiedenen Denkern besteht? Die gängigste Metapher, um diese Verbindung zu beschreiben, ist diejenige der ‹Wirkung›. Geistesgeschichte wird nach wie vor in den allermeisten Fällen als ‹Wirkungsgeschichte› geschrieben.

Es handelt sich dabei um eine *Meta–pher*, weil hier ganz offensichtlich ein Begriff aus einer Sphäre, derjenigen der Physik, auf eine andere über–tragen wird. Einer derjenigen, die sich am Tiefsten mit dem Problem der Metaphorik beschäftigt haben, ist Nietzsche selbst. In seinem bahnbrechenden kurzen Text *Ueber Wahrheit und Lüge im außermoralischen Sinne* von 1873 macht er als erster darauf aufmerksam, dass Metaphorik eine fundamentale Rolle nicht nur für unsere Sprache, sondern auch unser gesamtes Denken, Fühlen, ja, für unsere Weltwahrnehmung schlechthin spielt. Ein erst posthum veröffentlichter, wenn auch von Nietzsche selbst einmal im Werk erwähnter und mithin gewissermaßen ‹quasi-autorisierter›,[13] Text, der sich, ne-

13 Im ersten Abschnitt der Vorrede zur zweiten Auflage des zweiten Bandes von *Menschliches, Allzumenschliches* bekennt sich Nietzsche zu einem «geheim gehaltene[n] Schriftstück ‹über Wahrheit und Lüge im aussermoralischen Sinne›.»

benbei bemerkt, wie wohl kaum ein zweiter als Einführung in Nietzsches Denken eignet.

Nietzsche begründet diese Auffassung damit, dass es stets Vergleichungen zu anderen Phänomenen seien, mit deren Hilfe wir uns ein jedes erst verständlich machen könnten: Unsere gesamte Welt bestehe so aus einem System von Analogien und Verweisungen, wir sähen ein Ding niemals rein und in sich selbst, sondern immer nur als Bestandteil dieses gewaltigen Verweisungssystems, eines – so eine der vielen großartigen Metaphern, die der Text selbst gebraucht – «bewegliche[n] Heer[s] von Metaphern, Metonymien, Anthropomorphismen kurz eine[r] Summe von menschlichen Relationen» (1). Schon, wenn wir einen Sinnesreiz – ein paar grüne Blätter, die im Wind wehen – zu einem einheitlichen Gegenstand vereinigten, setzten wir das Ungleiche gleich, ‹lügen› wir gewissermaßen. Und wenn wir dann diesen ‹Gegenstand›, beispielsweise, als ‹Baum› bezeichnen, setzten wir ihn mit unzähligen Objekten – anderen Bäumen – gleich, die im Grunde nur assoziativ mit ihm verknüpft seien. Das gälte erst recht, wenn wir etwa vom ‹Baum des Lebens› oder dem ‹Baum der Wissenschaft› sprechen oder einen beleibten Menschen als ‹Baum› bezeichnen.

Nietzsche findet diese Praxis – die er, wiederum selbst metaphorisch, als «Lüge» bezeichnet – nicht verwerflich oder problematisch. Sie sei schlicht die Art und Weise, mit der wir uns die Welt erschlössen und auch erschließen müssten. Gut gewählte Metaphern lassen uns ganze Gegenstandsbereiche auf eine ganz neue Weise oder überhaupt erst erkennen: Die Wissenschaft oder das Leben als ‹Baum› zu bezeichnen ist etwa eine anschauliche Art und Weise, eine bestimmte Auffassung dieser Dinge einfach und klar zu vermitteln; diese Metapher spielte eine konstitutive Rolle für die Entwicklung der modernen Weltanschauung. Zum *Problem* werden die Metaphern, wenn sie nicht mehr als solche wahrgenommen werden, wenn aus ihnen tote Metaphern werden. Nietzsche bezeichnet Philosophie und Wissenschaft als Verwaltungsapparate, die genau jenes Abtöten der Metaphern zum Ziel hätten – und einen wilden, wirklichkeitsnahen Bezug zu den Dingen selbst dadurch gerade verhinderten. Hans-Peter wird etwa mit «Ah, da kommt ja der Baum» begrüßt, selbst wenn er in Wahrheit schon längst einige Pfunde verloren hat und als «Bohnenstange» zu titulieren wäre. Und Bilder wie diejenigen vom ‹Baum des Lebens› und vom

‹Baum der Wissenschaft› werden zu ideologischen Leitkonzepten, die die Vielfalt des Lebens und des Wissens in starre Hierarchien pressen – und somit auch der Rechtfertigung sozialer Hierarchien dienen.[14] Ein vitales Denken muss demgegenüber solche abgestorbenen Metaphern immer wieder hinterfragen und durch neue ersetzen. Es nähert sich naturgemäß der Kunst an.

Bei der Metapher der ‹Wirkungsgeschichte› handelt es sich fraglos um eine solche, die es abzulegen gilt. Denn was für ein schiefes Bild zeichnet sie von geistiger Entwicklung? Nimmt man sie wörtlich, behauptet sie, dass sich die Denker so zueinander verhalten wie Dominosteine. Sokrates wirkt auf Platon, Platon auf Aristoteles, Aristoteles auf die Schule der Skeptiker … und irgendwann haben wir Nietzsche. Selbst wenn man den Begriff der ‹Wirkung› durch den weicheren der ‹Beeinflussung› ersetzt, stellen wir uns das Denken noch zu sehr als weltabgewandten Prozess vor, der darin besteht, dass Denker die Texte anderer Denker lesen und sie irgendwie ‹auf sich wirken› lassen. Auf so eine Vorstellung von geistiger Kreativität können wahrlich nur Universitätsprofessoren kommen!

Natürlich haben Denker ihre Gedanken ‹irgendwo her› und übernehmen bestimmte Begriffe oder Konzepte von ihren Vorläufern. Doch nur schlechte Denker sind reine Bücherwürmer: Wenn man das wirkliche Anliegen, die wirkliche Originalität eines relevanten Autoren, das, ‹wofür er brannte› verstehen will, muss man das Studierzimmer verlassen und sich seine Lebensbedingungen anschauen. Es ist so, wie Marx und Engels sagen: Die Ideologie hat keine Geschichte.[15] Wer eine isolierte ‹Geistesgeschichte› schreibt, bewegt sich von vorneherein auf ideologischem Boden und heraus kommt in diesen luftigen Höhen in der Regel nichts als intellektuelle Willkür. Der Grund, warum es so scheint, als könne man Nietzsche geradezu beliebig interpretieren, dürfte nicht zuletzt darin liegen, dass ihn die meisten seiner Interpreten von der Zeit, in der er lebte, gänzlich absondern. Doch ebenso wenig wie man die Anatomie eines Vogels verstehen kann, ohne seinen Lebensraum zu kennen, seine Umwelt, kann man einen Denker verstehen in Abstrak-

14 Vgl. Gilles Deleuzes und Félix Guattaris Kritik der Baum-Metapher zugunsten des Rhizoms als zentrumsloses anarchisches Geflecht in *Tausend Plateaus* (11–42).

15 Vgl. *Deutsche Ideologie*, 26 f.

tion von seinen Existenzbedingungen: Natürlich ist er, und das gilt für wohl niemanden so sehr wie Nietzsche, den Begrenzungen seiner Epoche entflogen. Doch die Art, wie er fliegt, bleibt von den Bedingungen determiniert, die sie ihm stellt. Dasselbe gilt nun für die Rezipienten eines Denkers: Jeder interpretiert ihn ausgehend von Interessen, die ihm seine eigene jeweilige Zeit diktiert. Thomas von Aquin liest Aristoteles anders als die antiken Skeptiker oder die heutigen Neo-Aristoteliker, weil sie jeweils von ganz anderen sozialen Fragestellungen ausgehen.

Um es noch einmal zu betonen: Was für jeden einzelnen Menschen gilt, gilt umso mehr für bedeutende Männer und Frauen des Geistes: Niemand ist einfach nur ein ‹Kind seiner Zeit›, jedwede kreative Entwicklung wäre sonst undenkbar. Wir sind nicht einfach nur Knotenpunkte in den geistigen und materiellen Fäden unserer Epoche – wir sind zugleich ihre Urheber. Und schlimmstenfalls sind wir eingesponnene Insekten, die jedoch zumindest in ihnen strampeln können. Das Projekt der ‹Freigeisterei› besteht nicht zuletzt darin, sich nicht verwirren zu lassen, und, wenn nicht Spinne zu werden, so doch zumindest ungebundenes Getier.

Geistesgeschichte wäre demgemäß nicht als Wirkungs- oder Beeinflussungsgeschichte zu schreiben, sondern als Geschichte kreativer Aneignungen auf der Grundlage der jeweiligen Konflikte einer Epoche. Diese Art der Herangehensweise an geistige Probleme ist anspruchsvoll, insofern das Wesen geistiger Kreativität ja gerade darin besteht, diese Konflikte nicht immer offen zu benennen, sondern in indirekter, oftmals sogar verzerrter, Form anzusprechen. Sie erfordert mithin ein detailliertes Wissen nicht nur über das Leben und Werk eines Denkers, sondern auch über die gesamte Gesellschaft, in der er lebte.

Sie kann sich nicht zuletzt auf Nietzsche selbst stützen, der, wir werden es noch sehen, immer wieder betonte, dass die philosophischen Systeme oder auch die bedeutenden Kunstwerke Ausdruck bestimmter sozialer Interessen sind. Den griechischen Dichter Theognis, zu dem er als Altphilologe lange geforscht hatte, bezeichnet er einmal sogar als «Mundstück»[16] des damaligen Adels. *Anspruch* eines jeden wirklichen Kreativen ist dabei natürlich (oder sollte es zumindest sein), nicht einfach nur ein solches Mundstück zu bleiben, sondern umgekehrt selbst den sozialen Verhältnissen den Marsch zu blasen. Doch auch das

16 GM I 5.

geht natürlich nur, um ein weiteres Mal Marx zu zitieren, insofern das geistige Produkt den Verhältnissen ihre eigene Melodie vorspielt.[17] Um unzeitgemäß sein zu können, muss ein Denken zugleich sehr zeitgemäß sein.

Das gilt für Nietzsche auf jeden Fall: Anders als seine Selbststilisierung bisweilen suggeriert, war er ein eifriger Leser der Populärliteratur und sogar der Tagespresse seiner Periode, verfolgte ihre entscheidenden Ereignisse mit großem Interesse und nahm auf sie in seinen Werken, ob implizit oder explizit, immer wieder Bezug. Seine Mystifikation zum ‹großen Einsamen›, der, wenn überhaupt, nur Platon und Schopenhauer las, ist glücklicherweise in den letzten Jahrzehnten der Nietzsche-Philologie immer mehr unter Beschuss geraten. Der wirkliche ‹Herr Nietzsche› beschäftigte sich *mindestens* ebenso sehr mit Physiologie, Psychologie, Medizin, Naturwissenschaft und sogar Ökonomie. Vielleicht war er, trotz aller Wissenschaftskritik, letztendlich doch ein Stubenhocker. Doch in seiner Stube erarbeitete er sich eine größere Tuchfühlung mit der Wirklichkeit seiner Zeit, als sie den meisten ‹lebensnahen› Menschen vergönnt ist. Ohne diese Anstrengung wäre er wohl nie zu einem derartigen Ruhm gelangt. Und was für Nietzsche gilt, gilt genauso auch für seine Rezipienten. Spannend ist vor diesem Hintergrund also nicht so sehr die Frage, ob irgendjemand Nietzsche ‹verfälschte› oder ‹missverstand›: Zu untersuchen wäre vielmehr, warum jemand Nietzsche wann wie las. Natürlich kann man Texte missdeuten. Doch die wirklich relevanten Fehllektüren sind nicht einfach dem Unvermögen der Rezipienten geschuldet, sondern dem Erkenntnisinteresse, das sie trieb.

Ein Einführungsband wie dieser kann den ungeheuren Anspruch, der mit diesem Forschungsparadigma verbunden ist, kaum einlösen. Der Prägnanz halber soll ganz im Gegenteil auf langwierige Ausführungen zur Lebensgeschichte und zum politischen Kontext der jeweiligen Autoren soweit möglich verzichtet werden und das Gewicht, insbesondere im Fall Nietzsches selbst, auf ihren Gedanken liegen. Dies hat nicht zuletzt den Grund, dass es mittlerweile mehr als genug, mal mehr, mal weniger gelungene, Studien gibt, die in seine Biographie und Nietzsches Verstrickung in seine Zeit einführen. Sogar Nietzsches Sexualität ist schon Gegenstand ganzer Monographien

17 Vgl. *Zur Kritik*, 381.

geworden.[18] Diese Art der Beschäftigung mit Nietzsche vernebelt oft genug den Blick darauf, um was es in der Philosophie primär gehen sollte: das Denken selbst. – Und auch Nietzsche war ja ein Liebhaber der kurzen Form und der zugespitzten, Verkürzungen in Kauf nehmenden Formulierung.

Der wesentliche Grund für diese Aussparung liegt jedoch darin, dass das Erkenntnisinteresse dieses Bandes kein historisches ist. Es soll im Folgenden weder die Geschichte von Nietzsches Denken noch diejenige seiner Rezeption einfach nur nacherzählt werden um des Nacherzählens willen, so reizvoll (und sinnvoll) diese Aufgabe auch wäre. Als *Einführung* soll es hier vor allem darum gehen, einige grobe Linien zu skizzieren, um einen ersten Eindruck von dem in Frage stehenden Gegenstand zu vermitteln und künftigen Forschungen zuzuarbeiten. Herausgearbeitet werden soll dabei vor allem die *Aktualität* eines nietzscheanischen Denkens für heutige linke Debatten. *Implizit* wird das hier skizzierte Verständnis von Geistes- als Aneignungsgeschichte in der folgenden Darstellung allerdings immer schon vorausgesetzt, selbst wenn wir uns hin und wieder der nun einmal gebräuchlichen Metaphern der ‹Beeinflussung› und ‹Wirkung› der sprachlichen Abkürzung halber bedienen, und sollte vom Leser stets mitbedacht werden. (Und wir werden ihn auch ab und an daran erinnern, keine Sorge!)

3. Links, rechts, irgendwo dazwischen: Vorläufige Standortbestimmungen

Das ‹verknüpfende Band› des Nietzscheanismus ist also keine mystische Wirkungs- oder Beeinflussungskette, sondern ein geteiltes inhaltliches Interesse, das auf eine ähnliche Grundstellung zur modernen Gesellschaft zurückgeht. Der skizzierte widersprüchliche bzw. ambivalente Charakter von Nietzsches Denken und seiner Rezeptionsgeschichte entspringt einer eben solchen sozialen Verortung Nietzsches, der in vielerlei Hinsicht auch persönlich ein Grenzgänger war: Er entstammt einem kleinbürgerlichen, recht konservativen Milieu, legte als ‹Wunderkind› eine Ausnahmekarriere hin – und diese bürgerliche Prägung schlägt gerade in seinen oftmals äußerst voreingenommenen und vorurteilsbeladenen, ganz und gar nicht frei-

18 Vgl. etwa Joachim Köhler, *Zarathustras Geheimnis*.

geistigen, Äußerungen zur Arbeiter- oder Frauenbewegung durch. Doch diese Zuordnung zur herrschenden Klasse ist bei ihm gebrochen: Grund hierfür dürfte nicht zuletzt seine Erkrankung sein, aber etwa auch seine den Normen der Zeit widersprechende Sexualität (erwähnte Studien zeigen immer wieder die ‹perversen› Neigungen Nietzsches auf) und die durch den frühen Tod seines Vaters bedingte ungewöhnliche Kindheit und Jugend. Sein ökonomisches Privileg erlaubte ihm wiederum überhaupt erst, sein exzentrisches Außenseitertum zu kultivieren – doch unter eben diesem litt er auch extrem.

Es sind also, stets miteinander untrennbar verwoben, zwei Stimmen, die aus Nietzsches Texten sprechen: Diejenige des privilegierten Bürgersohns und diejenige des in vielerlei Hinsicht gescheiterten und vom Bürgertum grundlegend entfremdeten *dropout*. Diejenigen Leser, die sich eher dem Bürgertum zugehörig fühlen, werden den ‹devianten Nietzsche› entweder ausklammern oder kritisieren und verächtlich machen; für Leser, die sich selbst der unterdrückten Klasse zugehörig fühlen, gilt das Umgekehrte. Die allermeisten Nietzscheaner stehen freilich, was wenig verwundert, wie Nietzsche selbst irgendwo zwischen beiden Polen.

Die Rätsel der immanenten Textauslegung lösen sich so in Luft auf, sobald man nur oberflächlich auf die jeweilige historische Verortung der Autoren eingeht. Von dieser Vorüberlegung ausgehend enthüllt sich zudem sofort, worin die Kerndifferenz zwischen Links– und Rechts–Nietzscheanismus besteht: *Linke* Interpreten sind solche, die sich eher im Lager der Unterdrückten verorten, *rechte* solche, die, ob bewusst oder unbewusst, den Standpunkt der Herrschenden einnehmen.

Ideologisch drückt sich diese keinesfalls nur intellektuelle, sondern wesentlich *emotionale* Differenz (Wem gelten meine Sympathien? Mit wem identifiziere ich mich? Wen oder was begehre ich?) in zwei entgegengesetzten Grundprogrammen aus, mit denen sich die Begriffe ‹links› und ‹rechts› – trotz aller neueren Versuche, sie künstlich zu verunklaren oder ihnen jede Relevanz abzusprechen – eigentlich sehr präzise umreißen lassen (wobei klar sein muss, dass die wenigsten Denker eindeutig einem dieser Programme zuzuordnen sind, sondern sich in der Regel, wie die meisten Menschen, irgendwo zwischen ihnen bewegen): Das *linke* Programm zeichnet sein *Universalismus* aus. Es geht linken Theorien und Politiken darum, der Emanzipation *aller* Menschen von Ungleichheit und Unterdrückung zuzuarbeiten. Utopie dieser Ansätze ist eine von *allen* Unterdrückungsachsen wie Klasse, Geschlecht und ‹Rasse› befreite Gesellschaft im Weltmaßstab.[19] *Rechte* Theorien und Politiken wiederum lehnen diese Utopie ab und verschreiben sich *partikularistischen* Vorstellungen, sie wollen bestimmte Ungleichheiten und Unterdrückungsverhältnisse, auch wenn sie das selten in diesem Vokabular aussprechen, bewahrt wissen oder sie sogar neu einrichten, weil sie sich auf der Seite der Profiteure dieser Verhältnisse sehen.[20] Nietzsche steht zu beiden Grundansätzen moderner Politik eindeutig in einem uneindeutigen Verhältnis: Wie bereits angedeutet kritisiert er bürgerlichen wie proletarischen Universalismus immer wieder aufs Schärfste – doch ebenso gerne zertrümmert sein «Hammer» die Götzen des modernen Partikularismus (Volk, Familie, Vaterland).

Eine Sonderform des Partikularismus stellt der Egoismus bzw. Individualismus dar. Er ist in sich zweideutig: Gilt er nur für mich, impliziert er logischerweise die Extremform einer Klassengesellschaft – *ich* als Diktator aller anderen Menschen. Auch wenn kaum jemand diese ‹Utopie› so offen aussprechen würde – Max Stirner tut es vielleicht –, ist sie doch Kernbestandteil bürgerlicher Alltagsideologie, die äußerste Zuspitzung des Mottos «Jeder ist sich selbst der Nächste». Erkenne ich hingegen an, dass alle gleichermaßen die Möglichkeit freier Entfaltung ihrer selbst besitzen sollen, dann verfolge ich logischerweise ein universalistisches Programm im Namen desselben Grundwerts. Oftmals schwanken Anhänger des Egoismus bzw. Individualismus zwischen beiden Standpunkten. Wir werden ihnen im Laufe dieses Buches oft genug über den Weg laufen und uns mit dieser speziellen Problematik moderner Politik daher noch intensiver zu beschäftigen haben.

---

19 Marx spricht etwa, in Anknüpfung an die universalistische Moralphilosophie Kants, davon, dass «[d]ie Kritik der Religion […] mit der Lehre» ende, «daß der *Mensch das höchste Wesen für den Menschen sei, also mit dem kategorischen Imperativ, alle Verhältnisse umzuwerfen*, in denen der Mensch ein erniedrigtes, ein geknechtetes, ein verlassenes, ein verächtliches Wesen ist». (*Zur Kritik*, 385)

20 «Wir sind keine Universalisten», schreibt etwa der Nazi-Ideologe Ernst Krieck, das Volk bildet für ihn eine in «Blut und Boden» begründete Ganzheit, ‹unter› und ‹über› der es ist nichts Ganzes gebe (*Ist der Nationalsozialismus universalistisch?*, 185).

Links–Nietzscheanismus entsteht also, wenn Nietzscheanismus und Links-Sein in irgendeiner Form eine Synthese bilden. Dabei ist es nicht so sehr ausschlaggebend, ob sich der jeweilige Rezipient selbst der realexistierenden linken Bewegung zuordnet oder nicht: Entscheidender – und daher auch leitend für die Auswahl der in diesem Band behandelten Personen – ist die *objektive* Zuordnung zum Kampf für die linke Sache. Was ist nun also der Nietzscheanismus und wie lässt sich grob zusammenfassen, was geschieht, wenn es zu dieser Begegnung kommt?

Negativ formuliert ist das gemeinsame Charakteristikum mehr oder weniger aller Nietzscheaner die geteilte Ablehnung dessen, was sie als ‹Idealismus› oder ‹Metaphysik› bezeichnen. Sie wenden sich also gegen die gesamte traditionelle Philosophie von Platon bis Hegel und Schopenhauer, die von ‹ewigen Ideen› ausging, deren Erforschung die Philosophie diene. Stattdessen betonen sie den grundlegend *relativen* Charakter aller moralischen wie theoretischen Begriffe – und dies auf eine sehr radikale und weitgehende Art.

Der Hauptgegner der Links–Nietzscheaner im linken Lager ist mithin schnell definiert: Es ist ein moralisches Links-Sein, das sich ideologisch auf das Christentum, Kant oder Hegel stützt, sei es in Gestalt des Hegel-Marxismus, des Linksneukantianismus[21] oder Habermas' Projekt eines herrschaftsfreien Diskurses.

Die Kernproblematik des Links–Nietzscheanismus besteht nun darin, dass man meinen könnte, dass ein Universalismus *notwendig* metaphysische Prämissen haben müsse. Die Metaphysikkritik setzt ja voraus, dass die Menschen ungleich *sind* – wären sie gleich, dann gebe es ja logischerweise ewige Wahrheiten. Wieso *sollen* sie also (zumindest hinsichtlich ihrer sozialen Entfaltungsmöglichkeiten) gleich sein?

---

21 Der Neukantianismus war eine außerordentlich bedeutsame Strömung innerhalb der deutschen Philosophie, die sich in der Mitte des 19. Jahrhunderts entwickelte und bis in die 1920er-Jahre bestand. Ihr Kernziel war die Reaktualisierung des Kantschen Programms der Transzendentalphilosophie. Insbesondere die von Hermann Cohen (1848–1912) begründete Marburger Schule verband dies mit mehr oder weniger radikalen linken Ansichten auf der Grundlage der Kantschen Moralphilosophie. Auf neukantianische Gedanken bezogen sich etwa der wichtigste sozialdemokratische Kritiker des Hegel-Marxismus, Eduard Bernstein, der Austromarxist Max Adler und Kurt Eisner, ermordeter Ministerpräsident der bayrischen Räterepublik.

Die Debatten des Links–Nietzscheanismus drehen sich in der Tat um diesen entscheidenden Punkt – diejenigen des Rechts–Nietzscheanismus umgekehrt darum, ob es nicht widersprüchlich ist, Partikularismen *als Partikularismen* zu verteidigen. Impliziert nicht die Einsicht in die Partikularität aller Partikularismen notwendig ihre Destabilisierung? Ist Nietzsche trotz allem scheinbaren Rechts-Sein nicht doch ein verkappter linker Modernist?

4. Fünf Grundthemen

Es sind nun fünf Grundthemen, die mir für Nietzsches politische Rezeptionsgeschichte vor dem Hintergrund dieser ersten Grundannäherung besonders relevant zu sein scheinen und sich darüber hinaus dazu eignen, sie in bestimmte Grundperioden einzuteilen. Es sind Themen oder Aspekte, die in Nietzsches Werk gleichermaßen präsent sind – die sich jedoch, wie sich schnell zeigen wird, in durchaus widersprüchlicher Weise zueinander verhalten. Der erste Hauptteil dieses Buches wird darlegen, wie sie sich bei Nietzsche selbst genau aufeinander beziehen. Anspruch dieses Teils soll es nicht sein, einen ‹wahren Nietzsche› allen folgenden Nietzsche-Interpretationen gewissermaßen als ‹Maß› voranzustellen. Dies wäre ein ver–messener Anspruch. Die hier angebotene Interpretation ist trotz aller Bemühungen nicht minder standpunktbezogen als alle anderen, die hier vorgestellt werden.[22] Zugleich soll jedoch durch eine möglichst ‹ausgeglichene›, die Widersprüche, Viel- und Uneindeutigkeiten in Nietzsches Werk nicht vermittelnde, sondern sie gerade im Gegenteil aufdeckende Interpretation, versucht werden, von ihr ausgehend die jeweiligen Verkürzungen der dargestellten Deutungen deutlich genug kenntlich zu machen.

a) Nietzsche als Denker der individuellen Befreiung

In der *ersten* Welle der politischen Nietzsche-Rezeption, die sich grob von Nietzsches geistigem Zusammenbruch 1889 bis zu Beginn des Ersten Weltkriegs datieren lässt, ist Nietzsche vor allem als Denker der individuellen Befreiung verstanden worden. Be-

22 Nietzsche selbst schreibt: «Derselbe Text erlaubt unzählige Auslegungen: es giebt keine ‹richtige› Auslegung.» (NF 1885 1[120])

freien soll sich der Einzelne einerseits praktisch von moralischen Zwängen, andererseits theoretisch von Vorurteilen. Dieser Aspekt seines Werkes ist immer noch äußerst populär, gerade in seiner ‹laienhaften› Rezeption.

b) Nietzsche als Denker des Leibes und seiner Befreiung

Das positive Ziel dieser zunächst rein negativen Befreiung wird dabei oft, und auch in jener ersten Welle der Rezeption, so verstanden, dass es gelte, den Leib zu befreien. Gemeint war damit oft die Sexualität, aber auch die Sinnlichkeit in einem sehr umfassenden Sinne.

c) Nietzsche als Psychologe und Sozialtheoretiker

Die Befreiung des Leibes bedeutet dabei zugleich eine theoretische Besinnung auf die leiblichen Grundlagen des menschlichen Lebens. Dies schließt einerseits die Psychologie, aber auch die Sozialtheorie mit ein, insofern der Leib als schon immer in Gesellschaft befindlich begriffen wird. Sind der erste und zweite Aspekt zwar nicht deckungsgleich, aber doch sehr gut miteinander vereinbar, gibt es hier ein klares Spannungsverhältnis: Denn die psychologische und soziologische Reflexion des Leibes und seiner Begierden erscheint mit einer naiven Vorstellung von individueller Emanzipation nur bedingt vereinbar zu sein – nicht zuletzt, weil der ‹böse Blick› des Wissenschaftlers das Individuum ja immer wieder als nur scheinbar individuell entzaubert.

Nietzsches ‹böser Blick› fesselte seine Rezipienten schon sehr früh und ist besonders für die *dritte* Welle der Nietzsche-Rezeption zentral, die besonders bedeutsam in den Jahren von 1900 bis 1968 gewesen ist, mit besonders fruchtbaren Perioden zwischen 1900 und 1914 und, überraschenderweise, 1933 und 1945.

d) Nietzsche als Kulturphilosoph

Von beiden Wellen gleichermaßen grenzt sich die rechte, *zweite* Welle der Nietzsche-Rezeption ab, deren Scheitelpunkt in die Zwischenkriegszeit fällt (und deren politische ‹Glanzzeit› natürlich die Jahre von 1933 bis 1945 sind). Nietzsche wird nun weder als Denker der individuellen Entfaltung gelesen – dieser

Aspekt Nietzsches soll höchstens einer kleinen Elite vorbehalten bleiben – noch als materialistischer Psychologe und Sozialtheoretiker. Vielmehr gilt das primäre Interesse der rechten Nietzsche-Interpreten Nietzsches Kulturphilosophie – sie schätzen ihn als Kritiker des ‹modernen Nihilismus› und als Verkünder seiner Überwindung. Nietzsche erscheint dabei oftmals nicht so sehr als Kritiker der Metaphysik, sondern als Vertreter einer neuen Metaphysik, die sich um den Schlüsselbegriff des «Willens zur Macht» dreht.

e) Nietzsche als Kritiker der Metaphysik

Als Reaktion auf diese Nietzsche-Interpretation entwickelte sich eine *vierte* Welle der Nietzsche-Rezeption, deren Scheitelpunkt nach dem Zweiten Weltkrieg liegt und in der wir uns bis heute bewegen. Sie ist geographisch vor allem mit Frankreich verbunden. In ihr wird weiterhin auf die beiden ersten Wellen der linken Nietzsche-Rezeption rekurriert, zugleich wird die rechte jedoch aufgegriffen, wenn auch unter umgekehrten Vorzeichen: Nietzsche wird weder als Kritiker des Nihilismus noch erst recht als Metaphysiker gelesen, sondern als ‹fröhlicher Nihilist› und radikalster Gegner *aller* Metaphysik. Diese Metaphysik-Kritik wird dabei viel stärker zugespitzt als in der ersten und dritten Welle und auch auf deren Grundkategorien (‹Individuum›, ‹Leib›, ‹Seele›, ‹Gesellschaft›, ‹Wissenschaft› etc.) selbst angewendet.

5. Einschränkung

Was es zu betonen gilt, ehe wir nach allen Aufwärmübungen endlich wagen, in unseren Gegenstand einzutauchen, ist, dass die Nietzsche-Rezeption, selbst ‹nur› die linke, viel zu umfassend und vielfältig ist, um in einem Einführungsband wie dem vorliegenden auch nur annähernd vollständig referiert zu werden. Man erhielte bestenfalls Auflistungen von Namen, mit denen nicht viel anzufangen ist. Als Einführung ist eine solche Vollständigkeit aber auch nicht unser Anspruch und braucht es auch nicht zu sein: Es geht uns primär darum, interessierten Lesern einige grobe Linien aufzuzeigen, mit deren Hilfe sie sich dann an eine eigenständige Vertiefung der hier vorgestellten

Thematiken machen können. Unsere Darstellung verfährt darum notwendig selektiv: Im Zentrum steht die deutsche und die französische Diskussion um Nietzsche, sofern sie gleichermaßen theoretisch und politisch relevant ist. Viele wichtige Figuren können wir aus Gründen der Straffung und Konzentration nur kurz erwähnen oder nur oberflächlich streifen. Unsere Auswahl beansprucht dabei freilich durchaus paradigmatisch zu sein: Wir wollen die wichtigsten für unsere Fragestellung – die Rekonstruktion des Links– in seiner Abgrenzung zum Rechts–Nietzscheanismus – bedeutsamen Zugänge zu Nietzsche aufzeigen und für sie besonders typische Vertreter darstellen, wobei wir uns bei jedem einzelnen dieser Vertreter auf die uns am wichtigsten erscheinenden Teilaspekte beziehen und dabei wiederum selektieren. Zu einer umfassenden Erforschung von Nietzsches politischer Rezeptionsgeschichte können wir so allenfalls die Umrisse zeichnen – ausmalen müssen sie andere und es kann nicht ausgeschlossen werden, dass auch die Umrisse noch in mancherlei Hinsicht ergänzt werden müssen; nur am Rande eingehen werden wir etwa auf liberale Nietzsche-Interpreten, die es stets neben den linken und rechten auch gab.[23]

---

23 Nur kurz streifen werden wir etwa die liberale Nietzsche-Aneignung Hannah Arendts. – Der Unterschied zwischen bürgerlich-liberalem und linkem Universalismus lässt sich gar nicht so einfach abstrakt definieren. Die Kerndifferenz zwischen beiden progressiven Strömungen dürfte darin bestehen, dass Liberale davon ausgehen, dass sich die universelle Befreiung auf dem Boden der bestehenden Gesellschaft realisieren lässt, Linke dafür eine weitere Revolution oder jedenfalls umfassende Reformierung für nötig erachten.

II. Nietzsche selbst: Ein Denker mit und gegen seine(r) Zeit

Friedrich Nietzsche, ein Kämpfer gegen seine Zeit, so lautet der Titel einer der ersten Monographien zu Nietzsche von 1895 bezeichnenderweise. Ihr Verfasser: Rudolf Steiner, der damals noch nicht der Esoterikguru war, als der er später bekannt werden sollte. Wir werden auf dieses Buch noch zurückzukommen haben.[24]

Es ist hilfreich, sich zumindest kurz vor Augen zu führen, was für eine Zeit es gewesen ist, gegen die Nietzsche anschrieb und von der er sich verkannt fühlte, ehe wir uns seiner Philosophie zuwenden, denn es ist eine Periode, die der unseren in vielen Punkten ähnelt, sich jedoch zugleich auch in vielerlei Hinsicht von ihr grundlegend unterscheidet. Der wichtigste Unterschied dürfte darin bestehen, dass es eine Zeit der realistischen Hoffnung und der begründeten Zuversicht war: Spätestens mit der Französischen Revolution von 1789 war die Idee einer auf Freiheit, Gleichheit und Brüderlichkeit basierenden Republik ohne monarchisches Oberhaupt keine bloße Phantasterei mehr, sondern als konkretes politisches Projekt in die Welt getreten.

Während der Adel, die Kirche und das Bauerntum – das noch immer einen Großteil der Bevölkerung stellte[25] – der ‹neuen Zeit› überwiegend skeptisch bis aggressiv ablehnend gegenüberstanden, waren sich die beiden entscheidenden Agenten des sozialen Fortschritts – das Bürgertum und die Arbeiterschaft – einig darin, dass es nur noch eine Frage der Zeit sei, bis die letzten Bastionen der Reaktion hinweggefegt und die Welt von einer

---

24 Diese Formulierung dürfte Nietzsche im Übrigen gefallen haben, schreibt er doch im 6. Abschnitt der zweiten *Unzeitgemäßen Betrachtung* selbst: «Und wenn ihr nach Biographien verlangt, dann nicht nach solchen mit dem Refrain ‹Herr So und So und seine Zeit›, sondern nach solchen, auf deren Titelblatt es heißen müsste ‹ein Kämpfer gegen seine Zeit›.»

25 Noch 1870 arbeiteten etwa die Hälfte der deutschen Beschäftigten im Agrarsektor, um 1910 waren es noch immer etwa ein Drittel. Auf das Thema des noch bis weit ins 20. Jahrhundert hinein vergleichsweise agrarischen Charakters der deutschen Gesellschaft werden wir noch zurückzukommen haben, da dieser Aspekt nicht unwesentlich ist, um den Erfolg des Nationalsozialismus zu verstehen.

vernünftigen Ordnung beherrscht würde. Es war Kant, der in Königsberg mit Kaufleuten aus aller Welt verkehrte, der diese Vorstellungen erstmals in ein geschlossenes philosophisches System goss – Hegel, der sich immer wieder als Ideologe des Bürgertums zu erkennen gibt, vollendete es zu einer umfassenden bürgerlichen Weltanschauung, in der die konstitutionelle Monarchie als der Gipfelpunkt der historischen Entwicklung erscheint. Doch es lief nicht alles so glatt, wie Kant und Hegel es sich vorgestellt hatten: Der weitgereiste Kaufmannssohn Schopenhauer widersprach dem Optimismus Hegels, indem er darauf beharrte, dass das Wesen der Welt – dasjenige was sie, wie es in Goethes *Faust* heißt, «im Innersten zusammenhält» – nicht der Geist, also Vernunft und Freiheit, seien, sondern der blinde, irrationale Wille, der keinen Fortschritt kenne. Die Welt sei ein einziger Kreislauf des Leidens, einen freien Willen gebe es nicht. Schopenhauer stand zwar politisch auf der Seite der Reaktion[26]: Doch man muss seiner Philosophie zu Gute halten, dass sie der konkreten Lebenserfahrung der hungernden Bauern, der ausgemergelten Arbeiter, der ausgebeuteten Frauen, der schwarzen Sklaven, die damals noch immer massenhaft auf den europäischen Plantagen in aller Welt schufteten – kurz: derjenigen, auf deren Rücken der Fortschritt jener Jahre stattfand und ohne deren Leiden die kulturelle Blüte jener Zeit kaum möglich gewesen wäre – wohl gerechter wurde (und wird) als Hegels Versicherungen. Ab etwa 1830 verlor dementsprechend die Hegelsche Philosophie mehr und mehr an Plausibilität: Die Intellektuellen liefen in Scharen zu Schopenhauer über oder radikalisierten Hegels Idee vom Ende der Geschichte dahingehend, dass es nun darum gehen müsse, dieses Ende noch herbeizuführen. Marx und Engels waren es, die am klarsten die Vorstellung artikulierten, dass es auch noch des Umsturzes der bürgerlichen Republik bedürfe, um wahrhaft menschliche Verhältnisse herzustellen. Andere hielten dagegen, dass man diese auch schon auf dem Boden der Republik errichten könne. Man war sich so oder so einig, dass es mit den Mitteln der modernen Technik und Wissenschaft möglich sei, die entscheidenden Menschheitsfragen binnen kurzer Zeit zu lösen.

26 Wie er selbst in einem Brief berichtet, öffnete er während der Kämpfe von 1848 seine Tür begeistert einem Trupp österreichischer Soldaten – er spricht von «werten Freunden» – sein Haus, von dem aus sie auf die «souveräne Kanaille» schießen, und leiht ihnen seinen «großen doppelten Operngucker» (zit. n. Karl Kautsky, *Schopenhauer*).

Insbesondere das Territorium, das sich 1871 als ‹Deutsches Reich› konstituieren sollte, war in dieser Hinsicht äußerst zerrissen: Die politischen Verhältnisse waren nach wie vor sehr monarchisch geprägt, die Kirchen hatten einen extremen Einfluss in allen Bereichen des kulturellen Lebens, Frauen waren vom bürgerlichen und vor allem politischen Leben weitgehend ausgeschlossen. Und doch regte sich in beeindruckender Geschwindigkeit überall die Moderne: Binnen weniger Jahrzehnte stieg das Deutsche Reich ab 1830 zu einer der führenden Industriemächte auf, überall schossen kapitalistische Unternehmen wie Pilze aus dem Boden – und mit ihnen entstanden im ganzen Land moderne Städte wie Leipzig (wo Nietzsche studierte), Berlin, Hamburg oder die Metropolregion Ruhrgebiet. Eisenbahnlinien entstanden, Kanäle wurden gebaut, deutsche Dampfschiffe erschlossen die Weltmeere, zeitgleich begann die Ära der Telegraphie. In Deutschland entstand die größte und bestorganisierte Arbeiterbewegung der Welt – die sich mehr und mehr auch für die Rechte der Frauen, die oft genauso wie ihre Männer in den Fabriken zu unwürdigen Bedingungen schuften mussten, stark machte. Und auch im kulturellen Bereich gab es korrespondierende Neuerungen: Bewegungen wie der Impressionismus revolutionierten die bildende Kunst, in der Literatur attackierten Symbolismus, Realismus und Naturalismus die klassischen Formen, in der Musik ist es Richard Wagner (1813–1883) – 1848 noch Revolutionär, später Anhänger Schopenhauers –, der Unerhörtes wagt, indem er die von Mozart und Beethoven perfektionierte Tonalität zerschmettert. In der Philosophie entwickelt sich langsam aber sicher der logische Positivismus – der freilich dezidiert keine *Ideologie* mehr sein will, keine umfassende Welterklärung, sondern nur noch praktisches Werkzeug im Dienste der Naturwissenschaften, die mehr und mehr zu Leitdisziplinen wurden und den klassischen Bildungskanon verdrängten.

Kurzum: Es kam in der zweiten Hälfte des 19. Jahrhunderts zu gewaltigen sozialen und kulturellen Umbrüchen, nur die Philosophie hinkte hinterher. Denn der sich entwickelnde Positivismus konnte die Bedürfnisse jedes sich ernsthaft um Welterklärung bemühten Menschen nicht einmal annähernd befriedigen, sowohl der Schopenhauerianismus als auch der Marxismus basierten zu sehr auf unglaubwürdig gewordenen Vorstellungen metaphysischer Wahrheit (was das genau bedeutet, wird im weiteren Verlauf unserer Darstellung noch deutlich werden) aus der Zeit vor Dampfschiff, Telegraph und Eisenbahn. Es war einem 1844 geborenen Pastorensohn, der im beschaulichen preußischen Provinzstädtchen Naumburg aufgewachsen war und nicht einmal regelrecht Philosophie, sondern Altphilologie studiert hatte, vorbehalten, diese Mission zu erfüllen. Spätestens ab 1900 gab es niemanden mehr, der daran zweifelte, dass sich im Denken Friedrich Nietzsches etwas ereignete, was das Innerste der Modernität betraf: Man musste sich seinen Fragen stellen, selbst wenn man seine Antworten ablehnte. Was prädestinierte Nietzsche zu dieser eigenartigen Sonderrolle? Er war sich selbst sehr bewusst darüber, dass es die angedeutete Vereinigung der Widersprüche seiner Zeit in einer Person war. «Abgerechnet nämlich, dass ich ein décadent bin, bin ich auch dessen Gegensatz»[27], schreibt er etwa in seiner Autobiographie *Ecce homo*.[28] Diese besondere Situation machte ihn als Person nicht gerade glücklich und brachte ihn in eine nahezu völlige Isolation von seinen Mitmenschen. Doch sein Werk, das aus dieser ungeheuren inneren Spannung heraus wie mit Notwendigkeit entstand – sie trieb Nietzsche förmlich an den Schreibtisch und zum Bruch mit allen Ideologien seiner Zeit – macht es dafür umso interessanter.

Auch für uns, denn auch wir leben in einer Umbruchphase, die derjenigen Nietzsches in nichts nachsteht. Der Unterschied besteht in den Jahrzehnten dazwischen, die uns von dem Optimismus des 19. Jahrhunderts grundlegend entfremdet haben. Was das heißt, darauf werden wir noch einzugehen haben, wenden wir uns nun endlich Nietzsches Gedanken zu.

1. Nietzsches Politik: Groß – klein – GROSS

Es macht keinen Sinn, sich ernsthaft mit den politischen Implikationen von Nietzsches Philosophie zu beschäftigen, ehe man sich nicht der Frage gewidmet hat, was denn überhaupt Nietzsche selbst unter Politik verstand, wie er sich zur Politik an sich und zu den politischen Bewegungen seiner Zeit ver-

27 *weise* 2.

28 Mit «décadent» bezeichnet Nietzsche im Spätwerk all jene die, von Moral, insbesondere von den «modernen Ideen», krank gemacht wurden.

hielt. Angedeutet wurde all das bereits, konkretisieren wir es nun. Es wird sich gleich zeigen, wie uneinheitlich Nietzsches Denken ist. Man muss sich immer vor Augen halten, wie kurz Nietzsches aktive Zeit als philosophischer Schriftsteller gewesen ist: Von 1872, dem Jahr der Publikation seines Erstlingswerks, bis 1889, dem Jahr seines geistigen Zusammenbruchs, sind es kaum 20 Jahre. In dieser Zeit vollführte er so viele Brüche, Kehren und Wendungen wie wohl kaum ein Denker sonst. Häufig unterscheidet man einen ‹frühen›, ‹romantischen›, ‹wagnerianischen› Nietzsche der *Geburt der Tragödie* und der *Unzeitgemäßen Betrachtungen* (1873–1876) von einem ‹mittleren›, ‹aufklärerischen› der drei ersten Aphorismenbände (*Menschliches, Allzumenschliches* [1878–1880]), *Morgenröthe* [1881] und *Die fröhliche Wissenschaft* [1882 und 1887[29]], und einem ‹späten›, ‹dunkleren› ab *Also sprach Zarathustra* (1883–1885) (der 1886 *Jenseits von Gut und Böse* und 1887 *Zur Genealogie der Moral* publizierte), von dem dann noch einmal ein Nietzsche der letzten Schriften 1888/89 (*Der Fall Wagner, Götzen-Dämmerung, Der Antichrist, Dionysos-Dithyramben, Nietzsche contra Wagner, Ecce homo*), die oft in unzulässiger biographistischer Verkürzung als Symptome seines zunehmenden Verrückt-Werdens gedeutet werden, unterschieden wird. Dieses Schema ist als erste grobe Annäherung berechtigt und entspricht auch Nietzsches eigener Darstellung in seiner ‹Autobiographie› *Ecce homo*. Die zu lesen – am besten zusammen mit den Vorworten, die Nietzsche 1886/87 der Neuauflage seiner bis dahin erschienen Werke voranstellte[30] – stellt übrigens eine ausgezeichnete Annäherung an Nietzsche dar, erhellt sich so doch sein eigenes Selbstverständnis; freilich eine ‹Annäherung›, die auch mit großer Vorsicht zu genießen ist, wie jedem schnell klar wird, der jene eigenartige ‹Autobiographie› auch nur aufschlägt. (Eine Problematik, auf die – wie auch generell auf diejenige der ‹letzten Schriften› – zurückzukommen sein wird.)

---

29 1887 gab Nietzsche *Die fröhliche Wissenschaft* neu heraus und ergänzte sie um das fünfte Buch und die *Lieder des Prinzen Vogelfrei*, die beide gemeinhin der folgenden Schaffensperiode zugerechnet werden.

30 Nietzsche selbst empfiehlt Georg Brandes: «Diese Vorreden möchten, hintereinander gelesen, vielleicht etwas Licht über mich geben, vorausgesetzt, daß ich nicht dunkel *an sich* (dunkel an und für mich –) bin, als obscurissimus obscurorum virorum [lat., dunkelster aller dunklen Männer] ...» (Bf. v. 2.12.1887; Nr. 960)

Die erwähnte Drei- bzw. Vierteilung ist jedenfalls ein Schema, das seine Grenzen hat: Die Widersprüche, Ambivalenzen und Vieldeutigkeiten von Nietzsches Denken finden sich oft genug in *einem* Werk, oft sogar in einem einzigen Aphorismus oder gar Satz. Sein Denken entzieht sich sämtlichen Schematisierungsversuchen auch noch nach über 120 Jahren intensiv, um nicht zu sagen: industriell, betriebener Nietzscheforschung. Letztendlich führt kein Weg daran vorbei, keinem Nietzsche-Interpreten, auch und vielleicht erst recht nicht Nietzsche selbst, zu vertrauen und sich sein ganz eigenes Bild von Nietzsche anhand seiner Texte zu machen.

Nietzsches Politikbegriff lässt sich in seiner ganzen Komplexität sehr gut darüber charakterisieren, welche Bedeutung er den Begriffen «kleine» und «große Politik» gab. Der Begriff der «großen Politik» taucht in Nietzsches Werk zunächst in einer eindeutig abwertenden Bedeutung auf, nämlich im 481. Aphorismus des ersten Bandes von *Menschliches, Allzumenschliches.* Dort heißt es unter dem Titel *Grosse Politik und ihre Einbussen*:

> Ebenso wie ein Volk die grössten Einbussen, welche Krieg und Kriegsbereitschaft mit sich bringen, nicht durch die Unkosten des Krieges, die Stauungen im Handel und Wandel erleidet, ebenso nicht durch die Unterhaltung der stehenden Heere – so gross diese Einbussen auch jetzt sein mögen, wo acht Staaten Europa's jährlich die Summe von zwei bis drei Milliarden darauf verwenden –, sondern dadurch, dass Jahr aus Jahr ein die tüchtigsten, kräftigsten, arbeitsamsten Männer in ausserordentlicher Anzahl ihren eigentlichen Beschäftigungen und Berufen entzogen werden, um Soldaten zu sein: ebenso erleidet ein Volk, welches sich anschickt, *grosse Politik* zu treiben und unter den mächtigsten Staaten sich eine entscheidende Stimme zu sichern, seine grössten Einbussen nicht darin, worin man sie gewöhnlich findet. Es ist wahr, dass es von diesem Zeitpuncte ab fortwährend eine Menge der hervorragendsten Talente auf dem «Altar des Vaterlandes» oder der nationalen Ehrsucht opfert, während früher diesen Talenten, welche jetzt die *Politik* verschlingt, andere Wirkungskreise offen standen. Aber abseits von diesen öffentlichen Hekatomben, und im Grunde viel grauenhafter als diese, begiebt sich ein Schauspiel, welches fortwährend in hunderttausend Acten gleichzeitig sich abspielt: jeder tüchtige, arbeitsame, geistvolle, strebende Mensch eines

> solchen nach politischen Ruhmeskränzen lüsternen Volkes wird von dieser Lüsternheit beherrscht und gehört seiner eigenen Sache nicht mehr, wie früher, völlig an: die täglich neuen Fragen und Sorgen des öffentlichen Wohles verschlingen eine tägliche Abgabe von dem Kopf- und Herz-Capitale jedes Bürgers: die Summe all dieser Opfer und Einbussen an individueller Energie und Arbeit ist so ungeheuer, dass das politische Aufblühen eines Volkes eine geistige Verarmung und Ermattung, eine geringere Leistungsfähigkeit zu Werken, welche *grosse* Concentration und Einseitigkeit verlangen, fast mit Nothwendigkeit nach sich zieht. Zuletzt darf man fragen: *lohnt* sich denn all diese Blüthe und Pracht des Ganzen (welche ja doch nur als Furcht der anderen Staaten vor dem neuen Coloss und als dem Auslande abgerungene Begünstigung der nationalen Handels- und Verkehrs-Wohlfahrt zu Tage tritt), wenn dieser groben und buntschillernden Blume der Nation alle die edleren, zarteren, geistigeren Pflanzen und Gewächse, an welchen ihr Boden bisher so reich war, zum Opfer gebracht werden müssen?

Man sieht hier klar – wir werden auf diesen Aspekt noch detailliert zurückkommen – den kulturphilosophischen Blick, den Nietzsche oftmals einnimmt: Kulturen werden, der lateinischen Bedeutung des Wortes *cultura* entsprechend, das insbesondere die Pflege des Ackers bezeichnet, mit Gärten verglichen, die nach ihren schönsten Blüten beurteilt werden. Vor diesem Hintergrund steht Nietzsche – ein Standpunkt, der uns noch oft begegnen wird und der wirklich charakteristisch für ihn ist – Nationalismus und Militarismus, allgemein aller schauspielerischen, spektakulären, unauthentischen Politik sehr ablehnend gegenüber und der mit ihr einhergehenden Vereinnahmung der Einzelnen im Sinne ‹großer Ideen›.

Diese recht eindeutige Position wird von Nietzsche in seinen späteren Schriften zwar aufgegriffen, jedoch deutlich variiert. Im 377. Aphorismus der *Fröhlichen Wissenschaft* ist genau von jener nationalistischen, geisttötenden Politik als «*kleine[r] Politik*» die Rede, die mit der gewählten Heimatlosigkeit der «*gute[n] Europäer*» konfrontiert wird. Einer «großen», eine dezidiert europäische Perspektive einnehmenden Politik wird ausdrücklich in *Jenseits von Gut und Böse* das Wort geredet. Im 208. Aphorismus spricht Nietzsche hier von einem «*Zwang* zur grossen Politik», womit er explizit die Vereinigung Europas meint, die nötig sei, um der «Bedrohlichkeit Russlands» etwas entgegensetzen zu können. Nietzsche kritisiert hier allgemein die Unfähigkeit der von Skeptizismus, Demokratie, Individualismus und Trägheit gelähmten europäischen Kultur Wille, Einheitlichkeit und Entschlossenheit zu entwickeln. Auch wenn er selbst mit jener ‹Dekadenz› sympathisiere, gelte es doch, der erwähnten Notwendigkeit auch als Philosoph und Kulturschaffender rücksichtslos in Gesicht zu sehen und seinen Beitrag zu ihrer Überwindung zu leisten: «Die Zeit für kleine Politik ist vorbei: schon das nächste Jahrhundert bringt den Kampf um die Erd-Herrschaft». Das sind im Nachhinein betrachtet geradezu prophetische Worte – doch man sieht schon hier klar die faschistische Deutung, die man ihnen geben kann.

Dieser neuen Leitlinie entsprechend setzt Nietzsche den Begriff der «grossen Politik» nun in Anführungszeichen, wenn er damit die pseudo-große Politik der nationalistischen Mobilisierung kritisieren möchte,[31] in diesem Kontext gesteht er aber auch zu, dass selbst sie ein gewisses Recht haben mag, wenn sie nur nicht im Übermaß appliziert wird.

Dieselbe Zweideutigkeit herrscht in der *Götzen-Dämmerung* vor. Er schreibt dort einerseits:

> [E]s liegt nicht nur auf der Hand, dass die deutsche Cultur niedergeht, es fehlt auch nicht am zureichenden Grund dafür. Niemand kann zuletzt mehr ausgeben als er hat – das gilt von Einzelnen, das gilt von Völkern. Giebt man sich für Macht, für grosse Politik, für Wirthschaft, Weltverkehr, Parlamentarismus, Militär-Interessen aus, – giebt man das Quantum Verstand, Ernst, Wille, Selbstüberwindung, das man ist, nach *dieser* Seite weg, so fehlt es auf der andern Seite.[32]

Und:

> [D]ie grosse Politik täuscht Niemanden... Deutschland gilt immer mehr als Europa's *Flachland*.[33]

Im selben Buch lobt er jedoch andererseits die «grosse Politik» als «Vergeistigung der *Feindschaft*»[34] und erblickt in ihr einen zu begrüßenden Triumph über die lebensfeindliche christliche Moral der Nächstenliebe, die schuld an der gegenwärtigen eu-

31 Vgl. JGB 241 & 254.
32 *Deutschen* 4.
33 *Deutschen* 3.
34 *Widernatur* 3.

ropäischen Dekadenz sei: «Man hat auf das *grosse Leben* verzichtet, wenn man auf den Krieg verzichtet...» (ebd.).

Auch in *Ecce homo* führt Nietzsche diese Überlegungen fort:

> Die Deutschen haben endlich, als auf der Brücke zwischen zwei décadence-Jahrhunderten eine force majeure [frz., höhere Gewalt] von Genie und Wille sichtbar wurde, stark genug, aus Europa eine Einheit, eine politische *und wirtschaftliche* Einheit, zum Zweck der Erdregierung zu schaffen, mit ihren «Freiheits-Kriegen» Europa um den Sinn, um das Wunder von Sinn in der Existenz Napoleon's gebracht, – sie haben damit Alles, was kam, was heute da ist, auf dem Gewissen, diese *culturwidrigste* Krankheit und Unvernunft, die es giebt, den Nationalismus, diese *névrose nationale*, an der Europa krank ist, diese Verewigung der Kleinstaaterei Europa's, der *kleinen* Politik: sie haben Europa selbst um seinen Sinn, um seine *Vernunft* – sie haben es in eine Sackgasse gebracht. – Weiss Jemand ausser mir einen Weg aus dieser Sackgasse?... Eine Aufgabe gross genug, die Völker wieder zu *binden*?...[35]

Das Ziel aller wahrhaft *großen* politischen Bemühungen sollte also darin bestehen, eine Erdregierung zu schaffen, die die Menschheit unter einem großen Ziel eint. Nietzsche knüpft damit an *Also sprach Zarathustra*, wo er schreibt: «Es ist an der Zeit, dass der Mensch sich sein Ziel stecke. Es ist an der Zeit, dass der Mensch den Keim seiner höchsten Hoffnung pflanze.»[36] Diesem «Ziel» gibt er im selben Buch den Namen «Übermensch». «Seht, ich bin ein Verkündiger des Blitzes und ein schwerer Tropfen aus der Wolke: dieser Blitz aber heisst Übermensch»[37], lässt er dort seinen ‹Propheten› Zarathustra in an die Bibel erinnernder Manier verkünden.

Was ist mit diesen einigermaßen kryptischen Formulierungen gemeint? Im ersten Teil des Abschnitts *Warum ich ein Schicksal bin* charakterisiert Nietzsche sein Projekt mit folgenden vergleichsweise klaren Worten:

> Ich kenne mein Loos. Es wird sich einmal an meinen Namen die Erinnerung an etwas Ungeheures anknüpfen, – an eine Krisis, wie es keine auf Erden gab, an die tiefste Gewissens-

35 FaW 2.

36 *Vorrede* 5. Aufgegriffen wird dieses Motiv dann in der Rede *Von tausend und Einem Ziele*.

37 *Vorrede* 4.

Collision, an eine Entscheidung heraufbeschworen *gegen* Alles, was bis dahin geglaubt, gefordert, geheiligt worden war. Ich bin kein Mensch, ich bin Dynamit. – Und mit Alledem ist Nichts in mir von einem Religionsstifter – Religionen sind Pöbel-Affairen, ich habe nöthig, mir die Hände nach der Berührung mit religiösen Menschen zu waschen... Ich *will* keine «Gläubigen», ich denke, ich bin zu boshaft dazu, um an mich selbst zu glauben, ich rede niemals zu Massen... Ich habe eine erschreckliche Angst davor, dass man mich eines Tags *heilig* spricht: man wird errathen, weshalb ich dies Buch *vorher* herausgebe, es soll verhüten, dass man Unfug mit mir treibt... Ich will kein Heiliger sein, lieber noch ein Hanswurst... Vielleicht bin ich ein Hanswurst... Und trotzdem oder vielmehr *nicht* trotzdem – denn es gab nichts Verlogneres bisher als Heilige – redet aus mir die Wahrheit. – Aber meine Wahrheit ist *furchtbar*: denn man hiess bisher die Lüge Wahrheit. – *Umwerthung aller Werthe*: das ist meine Formel für einen Akt höchster Selbstbesinnung der Menschheit, der in mir Fleisch und Genie geworden ist. Mein Loos will, dass ich der erste *anständige* Mensch sein muss, dass ich mich gegen die Verlogenheit von Jahrtausenden im Gegensatz weiss... Ich erst habe die Wahrheit *entdeckt*, dadurch dass ich zuerst die Lüge als Lüge empfand – roch... Mein Genie ist in meinen Nüstern... Ich widerspreche, wie nie widersprochen worden ist und bin trotzdem der Gegensatz eines neinsagenden Geistes. Ich bin ein *froher Botschafter*, wie es keinen gab ich kenne Aufgaben von einer Höhe, dass der Begriff dafür bisher gefehlt hat; erst von mir an giebt es wieder Hoffnungen. Mit Alledem bin ich nothwendig auch der Mensch des Verhängnisses. Denn wenn die Wahrheit mit der Lüge von Jahrtausenden in Kampf tritt, werden wir Erschütterungen haben, einen Krampf von Erdbeben, eine Versetzung von Berg und Thal, wie dergleichen nie geträumt worden ist. Der Begriff Politik ist dann gänzlich in einen Geisterkrieg aufgegangen, alle Machtgebilde der alten Gesellschaft sind in die Luft gesprengt – sie ruhen allesamt auf der Lüge: es wird Kriege geben, wie es noch keine auf Erden gegeben hat. Erst von mir an giebt es auf Erden *grosse Politik*. –

Diese unglaublich dichte Passage lässt sich natürlich – wir werden später noch einmal auf sie in diesem Sinne eingehen – wie eine Vorhersage der großen Kriege des 20. Jahrhunderts lesen, selbst wenn Nietzsche hier dezidiert von einem «Geisterkrieg» spricht, keinem physischen. Er verkündet hier, dass es ihm um eine vollständige Kulturrevolution gehe: Die Menschheit solle sich endlich vom Bann des Christentums und der Metaphysik lösen und sich lebensnahen Werten zuwenden.

Was nun den «Übermenschen» anderes auszeichnet, als dass er eine Höherentwicklung des Menschen darstellt, lässt Nietzsche bemerkenswerterweise völlig offen – auch dies ein Grund, warum er für jede Ideologie, die irgendwie von einem ‹neuen Menschen› träumt, prinzipiell als Stichwortgeber von Interesse ist. In *Ecce homo* bemüht er sich allerdings darum, sich gegen Missdeutungen des Begriffs zu wehren, die ihm zu Ohren gekommen waren. Insbesondere geht es ihm dabei darum, den Begriff einerseits von irgendwelchen konventionellen Moralvorstellungen abzukoppeln, andererseits wehrt er sich aber auch gegen biologistische Interpretationen. Das Wort «Übermensch» bezeichne «eine[n] Typus höchster Wohlgerathenheit, im Gegensatz zu ‹modernen› Menschen, zu ‹guten› Menschen, zu Christen und andren Nihilisten»[38]. Er grenzt ihn in derselben Passage vom Darwinismus ab und stellt klar, dass er eher einem Cesare Borgia als einem Parsifal ähnele: Cesare Borgia (ca. 1475–1507) war ein mächtiger und brutaler Feldherr der Renaissance, den, wie seine ganze Familie, auszeichnete, dass er sich in zynischer Art und Weise der Kirche als Mittel zu seiner persönlichen Machtsteigerung bediente; Parsifal verkörpert in Wagners gleichnamiger Oper, die aufgrund ihrer christlichen Botschaft Nietzsche ein besonderer Dorn im Auge war, einen «reinen Tor», der aufgrund seiner Naivität von jeder Boshaftigkeit frei ist und deshalb die Menschheit erlösen kann. Im selben Sinne schreibt Nietzsche an anderer Stelle im selben Buch, dass der Übermensch den «Guten und Gerechten»[39] wie ein Teufel erscheinen würde, es handele sich um eine «Art Mensch, […] [der] die Realität [‹concipiert›], *wie sie ist*: sie ist stark genug dazu –, sie ist ihr nicht entfremdet, entrückt, sie ist *sie selbst*, sie hat all deren Furchtbares und Fragwürdiges auch noch in sich, *damit erst kann der Mensch Grösse haben…*» (ebd.). In seiner Figur des Zarathustra werde der Begriff Übermensch «höchste Realität […] in einer unendlichen Ferne liegt alles das, was bisher gross am Menschen hiess, *unter* ihm.»[40] Im selben Ab-

38 *Bücher* 1.
39 *Schicksal* 5.
40 EH Za 6.

schnitt assoziiert Nietzsche diesen «Typus» dann mit Dionysos, dem griechischen Gott des Rausches, der schon in seinem Erstlingswerk *Geburt der Tragödie* eine zentrale Rolle spielt.

Diese Passagen haben einen höchst ambivalenten Sinn: Liest man sie in Abstraktion von Nietzsches Kritik an der modernen Gesellschaft, dann ließe sich aus ihnen eine Haltung der illusionslosen Bejahung derselben folgern – wer diese Gesellschaft verändern will, wäre im Grunde ein idealistischer Spinner; es käme weder darauf an, die Welt zu ändern noch sie zu interpretieren, nicht einmal nur sie resignativ hinzunehmen, sondern sich voll in sie reinzustürzen, um in ihr rücksichtlos den eigenen «Willen zur Macht» durchzusetzen. Diese Lesart ist als Antidot zu moralistischen Perspektiven auf die Welt sicherlich heilsam, doch vor dem Hintergrund von Nietzsches eigener Gesellschaftskritik ließen sich seine Äußerungen auch so verstehen, dass es darum gehen müsste, erst einmal einen Gesellschaftszustand herzustellen, in dem eine solche absolute Bejahung der Realität überhaupt möglich ist. Ausgeschlossen wird hier anscheinend eine plumpe rassistische oder biologistische Interpretation des «Übermenschen» – zu der Nietzsche jedoch schon im *Zarathustra* selbst den Anlass gibt, wenn er davon spricht, dass der Mensch «ein Seil, geknüpft zwischen Thier und Übermensch»[41] sei und die höchste Hoffnung der Frau sein solle: «[M]öge ich den Übermenschen gebären!»[42]

Mit den Begriffen ‹Kleinheit› und ‹Größe› arbeitet Nietzsche nun auch an dieser Stelle in *Ecce homo*, in der er sein Programm weiter charakterisiert:

> An dieser Stelle thut eine grosse Besinnung Noth. Man wird mich fragen, warum ich eigentlich alle diese kleinen und nach herkömmlichem Urtheil gleichgültigen Dinge erzählt habe; ich schade mir selbst damit, um so mehr, wenn ich grosse Aufgaben zu vertreten bestimmt sei. Antwort: diese kleinen Dinge – Ernährung, Ort, Clima, Erholung, die ganze Casuistik der Selbstsucht – sind über alle Begriffe hinaus wichtiger als Alles, was man bisher wichtig nahm. Hier gerade muss man anfangen, *umzulernen*. Das, was die Menschheit bisher ernsthaft erwogen hat, sind nicht einmal Realitäten, blosse Einbildungen, strenger geredet, *Lügen* aus den schlechten Instinkten kranker, im tiefsten Sinne schädlicher Naturen heraus – alle die Begriffe «Gott», «Seele»,

41 *Vorrede 4.*

42 *Von alten und jungen Weiblein.*

> «Tugend», «Sünde», «Jenseits», «Wahrheit», «ewiges Leben»... Aber man hat die Grösse der menschlichen Natur, ihre «Göttlichkeit» in ihnen gesucht... Alle Fragen der Politik, der Gesellschafts-Ordnung, der Erziehung sind dadurch bis in Grund und Boden gefälscht, dass man die schädlichsten Menschen für grosse Menschen nahm, – dass man die «kleinen» Dinge, will sagen die Grundangelegenheiten des Lebens selber verachten lehrte... Unsre jetzige Cultur ist im höchsten Grade zweideutig... Der deutsche Kaiser mit dem Papst paktirend, als ob nicht der Papst der Repräsentant der Todfeindschaft gegen das Leben wäre!... Das, was heute gebaut wird, steht in drei Jahren nicht mehr. – Wenn ich mich darnach messe, was ich *kann*, nicht davon zu reden, was hinter mir drein kommt, ein Umsturz, ein Aufbau ohne Gleichen, so habe ich mehr als irgend ein Sterblicher den Anspruch auf das Wort Grösse. Vergleiche ich mich nun mit den Menschen, die man bisher als *erste* Menschen ehrte, so ist der Unterschied handgreiflich. Ich rechne diese angeblich «Ersten» nicht einmal zu den Menschen überhaupt, – sie sind für mich Ausschuss der Menschheit, Ausgeburten von Krankheit und rachsüchtigen Instinkten: sie sind lauter unheilvolle, im Grunde unheilbare Unmenschen, die am Leben Rache nehmen... Ich will dazu der Gegensatz sein: mein Vorrecht ist, die höchste Feinheit für alle Zeichen gesunder Instinkte zu haben. Es fehlt jeder krankhafte Zug an mir; ich bin selbst in Zeiten schwerer Krankheit nicht krankhaft geworden; umsonst, dass man in meinem Wesen einen Zug von Fanatismus sucht. Man wird mir aus keinem Augenblick meines Lebens irgend eine anmaassliche oder pathetische Haltung nachweisen können. Das Pathos der Attitüde gehört *nicht* zur Grösse; wer Attitüden überhaupt nöthig hat, ist *falsch*... Vorsicht vor allen pittoresken Menschen! [...] Meine Formel für die Grösse am Menschen ist *amor fati*: dass man Nichts anders haben will, vorwärts nicht, rückwärts nicht, in alle Ewigkeit nicht. Das Nothwendige nicht bloss ertragen, noch weniger verhehlen – aller Idealismus ist Verlogenheit vor dem Nothwendigen –, sondern es *lieben*...[43]

Man sieht hier, wie Nietzsche darum ringt, seine widerstrebenden Impulse – sein Individualismus und seine Freigeistigkeit einerseits, seine wachsende Überzeugung, dass es einer wahrhaft «*grossen* Politik» jedoch irgendwie bedürfe andererseits

43 *klug* 10.

– irgendwie zu synthetisieren. Eine wahrhaft große Politik ist eben eine, die sich nicht an irgendwelchen idealistischen Lügen orientiert, sondern an den wirklichen Lebensbedingungen der Menschen und ihren wirklichen Bedürfnissen. Sie wird demnach so dargestellt, dass sie der Haltung individualistischer Freigeistigkeit nicht nur widerspricht, sondern sogar geradezu aus ihr folgt.

Man darf sich freilich fragen, ob dieser ‹Syntheseversuch› wirklich vollkommen überzeugt. Steht nicht schon allein Nietzsches schrille Rhetorik in diesen Passagen in einem eklatanten Widerspruch dazu, was er hier inhaltlich sagt? Und ließe sich sein Projekt einer «Erdregierung» als realpolitisches Projekt realisieren ohne den Verlockungen der unwahren «großen Politik» zu erliegen? Ist nicht vielleicht jede Art von Politik notwendig bis zu einem gewissen Grad Schauspiel und Spektakel – wie es bei Nietzsche ja auch zugestanden wird? Müsste man nicht auch noch *diese* Notwendigkeit bejahen?

Doch gerade diese Vieldeutigkeit erlaubt es, dass man diesen Überlegungen die unterschiedlichsten Wendungen geben kann: Man könnte sie schon im Sinne einer marxistischen Ideologiekritik lesen – muss dann freilich die dezidiert antidemokratische und antisozialistische Schlagseite dieser Stellen überlesen –, man kann in ihnen einen letztendlich antipolitischen Individualismus erblicken – auch wenn Nietzsche hier doch eigentlich gerade Politiker sein möchte –, man kann ihnen eine faschistische Wendung geben, auch wenn Nietzsche sich hier klar antinationalistisch und antimilitaristisch äußert. Sogar als Vordenker der EU könnte man Nietzsche hernehmen, wenn man wollte! Alles hängt letztendlich davon ab, wie man die Begriffe «Schicksal» und «Leben» mit Inhalt füllt. «Amor fati», ‹Liebe zum Schicksal›, aus dieser Wendung folgt nahezu alles und nichts. Es geht hier irgendwie um einen Universalismus, insofern nationale und religiöse Partikularismen überwunden werden sollen; doch zugleich wird in diesen Passagen der Krieg verklärt und linken ‹Illusionen› eine klare Absage erteilt, da sie ‹lebensfeindlich› seien.

a) *Nietzsches Modernität*

Betrachtet man Nietzsches konkrete Äußerungen zur Politik, gewinnt man, dem Geist dieser Passagen entsprechend, den Eindruck, dass er keiner der bestimmenden politischen Strömungen seiner Zeit zuspricht, eine wirklich realistische, lebensnahe Antwort auf ihre Grundfragen zu bieten. Wo er auch hinschaut, sieht Nietzsche überall schädliche Illusionen am Werk, die es zu bekämpfen gelte.

Er kritisiert die Moderne dabei von einem Standpunkt aus, der oft als ‹aristokratisch› beschrieben worden ist – eine Charakterisierung, die er selbst, wie wir noch sehen werden, sehr treffend fand. Damit ist allerdings kein Lob der bestehenden Aristokratie gemeint: Relativ klar ist, dass Nietzsche den bestehenden Adel verachtet und von der Schaffung einer neuen Elite träumt.

Es ist dabei zunächst die allgemeine Ruhelosigkeit, die er an der modernen Gesellschaft kritisiert: «Aus Mangel an Ruhe läuft unsere Civilisation in eine neue Barbarei aus. Zu keiner Zeit haben die Thätigen, das heisst die Ruhelosen, mehr gegolten.»[44] Die Moderne degradiere so alle Menschen zu Arbeitssklaven:

> Den Thätigen fehlt gewöhnlich die höhere Thätigkeit: ich meine die individuelle. Sie sind als Beamte, Kaufleute, Gelehrte, das heisst als Gattungswesen thätig, aber nicht als ganz bestimmte einzelne und einzige Menschen; in dieser Hinsicht sind sie faul. [...] Alle Menschen zerfallen, wie zu allen Zeiten so auch jetzt noch, in Sclaven und Freie; denn wer von seinem Tage nicht zwei Drittel für sich hat, ist ein Sclave, er sei übrigens wer er wolle: Staatsmann, Kaufmann, Beamter, Gelehrter.[45]

Man sieht hier deutlich den Gegensatz zu marxistischen Gesellschaftskritiken: Für Marx bestand die Emanzipation gerade darin, die falsche Trennung zwischen dem Menschen als Individuum und Gattungswesen zu überwinden – der Mensch *soll* gerade zum gesellschaftlichen, nicht mehr vereinzelten Menschen werden.[46] Für Nietzsche wäre das gerade eine gleichma-

44 AM I 285.

45 AM I 283.

46 So heißt es etwa in dem frühen Text *Zur Judenfrage*: «Erst wenn der wirkliche individuelle Mensch den abstrakten Staatsbürger in sich zurücknimmt und als individueller Mensch in seinem empirischen Leben, in seiner individuellen Arbeit, in seinen individuellen Verhältnissen, *Gattungswesen* geworden ist, erst wenn der Mensch seine ‹forces propres› [frz., eigenen Kräfte] als *gesellschaftliche* Kräfte erkannt und

cherische Dystopie, die alle Menschen gleichermaßen zu Sklaven macht, ein Zustand «der tiefsten Vermittelmässigung und Chineserei»[47].

Aus einer linken Deutung heraus ergibt sich aus diesen Überlegungen die Folgerung, dass alle Menschen möglichst viel Zeit für sich haben sollen und möglichst wenig dem Gemeinwesen zu dienen verpflichtet sind. Nietzsche verwehrt sich gegen diese Folgerung jedoch dezidiert und spricht davon, dass es die Aufgabe der freien Intellektuellen sein soll, «über die Nothwendigkeit neuer Ordnungen» (ebd.) nachzudenken, «auch einer neuen Sklaverei» (ebd.).

In *Zur Genealogie der Moral* bringt er seine Modernekritik auf folgenden Punkt:

> [S]elbst noch mit dem Maasse der alten Griechen gemessen, nimmt sich unser ganzes modernes Sein, soweit es nicht Schwäche, sondern Macht und Machtbewusstsein ist, wie lauter Hybris [altgr., Hochmut] und Gottlosigkeit aus: denn gerade die umgekehrten Dinge, als die sind, welche wir heute verehren, haben die längste Zeit das Gewissen auf ihrer Seite und Gott zu ihrem Wächter gehabt. Hybris ist heute unsre ganze Stellung zur Natur, unsre Natur-Vergewaltigung mit Hülfe der Maschinen und der so unbedenklichen Techniker- und Ingenieur-Erfindsamkeit; Hybris ist unsre Stellung zu Gott, will sagen zu irgend einer angeblichen Zweck- und Sittlichkeits-Spinne hinter dem grossen Fangnetz-Gewebe der Ursächlichkeit […]; Hybris ist unsre Stellung zu *uns*, – denn wir experimentiren mit uns, wie wir es uns mit keinem Thiere erlauben würden, und schlitzen uns vergnügt und neugierig die Seele bei lebendigem Leibe auf[.][48]

Im *Zarathustra* spricht er davon, dass die Schaffenden die «Fliegen des Marktes» und ihren «Lärm» fliehen sollen.[49] Ebenso kritisiert er dort den modernen Staat:

> Irgendwo giebt es noch Völker und Heerden, doch nicht bei uns, meine Brüder: da giebt es Staaten. Staat? Was ist das?

organisiert hat und daher die gesellschaftliche Kraft nicht mehr in der Gestalt der *politischen* Kraft von sich trennt, erst dann ist die menschliche Emanzipation vollbracht.» (370) Dieser Grundgedanke bleibt für Marx bis ins Spätwerk hinein bestimmend.

47 FW 377.

48 GM III 9. Zur Relevanz dieser Passage vgl. meinen Aufsatz *Die Moderne als Kultur der Ver-gewaltigung.*

49 *Von den Fliegen.*

> Wohlan! Jetzt thut mir die Ohren auf, denn jetzt sage ich euch mein Wort vom Tode der Völker. Staat heisst das kälteste aller kalten Ungeheuer. Kalt lügt es auch; und diese Lüge kriecht aus seinem Munde: «Ich, der Staat, bin das Volk.» [...] Seht mir doch diese Überflüssigen! Reichthümer erwerben sie und werden ärmer damit. Macht wollen sie und zuerst das Brecheisen der Macht, viel Geld, – diese Unvermögenden! [...] Hin zum Throne wollen sie Alle: ihr Wahnsinn ist es, – als ob das Glück auf dem Throne sässe! Oft sitzt der Schlamm auf dem Thron – und oft auch der Thron auf dem Schlamme. [...] Dort, wo der Staat *aufhört*, – so seht mir doch hin, meine Brüder! Seht ihr ihn nicht, den Regenbogen und die Brücken des Übermenschen?[50]

Man sieht hier erneut, wie schillernd Nietzsches Modernekritik ist. Aus dieser Passage ließe sich mühelos ein reaktionärer ‹Ethnopluralismus› folgern, doch sie ist genauso gut mit radikaldemokratischen, anarchistischen und kapitalismuskritischen Impulsen vereinbar.

Jedenfalls steht Nietzsche gemäß seinem Motto «Pöbel oben, Pöbel unten! Was ist heute noch ‹Arm› und ‹Reich›!»[51] sowohl der Elite seiner Zeit als auch der Unterschicht und ihren Emanzipationsbemühungen klar ablehnend gegenüber. Gerahmt ist das von einer grundsätzlichen Modernekritik, die in vielerlei Hinsicht einer marxistischen ähnelt, insofern ja auch Marx im *Kapital* die moderne Gesellschaft als eine solche beschreibt, in der im Grunde *alle* der subjektlosen Herrschaft der Kapitelbewegung unterworfen sind, die die Gesellschaft bewusstlos vorwärts hetzt. Für Marx war klar, dass die Antwort darauf nur sein könne, die Produktionsmittel zu vergemeinschaften und die Ökonomie der bewussten sozialen Kontrolle zu übergeben. Nietzsche hat keine so klare Antwort darauf zu bieten – ahnt aber, dass ein solches Projekt auf eine simple Verstaatlichung der Produktionsmittel hinauslaufen und die Individuen nur noch mehr verknechten könnte:

> Der Socialismus ist der phantastische jüngere Bruder des fast abgelebten Despotismus, den er beerben will; seine Bestrebungen sind also im tiefsten Verstande reactionär. Denn er begehrt eine Fülle der Staatsgewalt, wie sie nur je der Despotismus gehabt hat, ja er überbietet alles Vergangene dadurch, dass er die

50 *Vom neuen Götzen.*

51 Za *Vom freiwilligen Bettler.*

förmliche Vernichtung des Individuums anstrebt: als welches ihm wie ein unberechtigter Luxus der Natur vorkommt und durch ihn in ein zweckmässiges *Organ des Gemeinwesens* umgebessert werden soll.[52]

Seine Haltung zur Arbeiter- und zur Frauenbewegung als den beiden bestimmenden emanzipatorischen Bewegungen jener Zeit ist mithin von der Ambivalenz geprägt, ihren Diagnosen oft Recht geben zu müssen, ihre grundsätzliche Zielsetzung jedoch deutlich zurückzuweisen. Er tut dabei so, als würde diese Zurückweisung direkt aus seiner Metaphysik- und Moralkritik folgen – im eben zitierten Aphorismus spricht er etwa vom «alte[n] typische[n] Socialist Plato». Das ist nun ein ernstes Problem für diejenigen, die jene Kritik teilen, aber trotzdem dem linken Projekt treu bleiben wollen: Ist der Sozialismus letztendlich eine Ersatzreligion, ein neues Christentum, eine bloße Illusion? Nietzsche muss letztendlich auf *anthropologische* Argumente zurückgreifen, um das stringent zu begründen. Er sieht den Menschen als nicht nur egoistisches, sondern vielmehr *grausames* Tier[53] – eine «Bestie», die trotz aller Zähmungsversuche immer wieder hervorbrechen wird. Ein Ausbruch, den Nietzsche oftmals gutheißt, da er davon ausgeht, dass die Zähmung des Menschen in der Moderne ein unerträgliches, das Beste am Menschen gerade abtötende Maß erreicht hätte.[54] Man erblickt hier geradewegs eine Umkehrung häufiger linker Kritiken der Moderne, die an ihr gerade kritisiert, dass sie die Menschen enthemmt und brutalisiert – Nietzsche meint im Gegenteil, dass sie die Menschen in ihren brutalen Instinkten zu sehr hemmt.[55] Wie ließe sich dieser Streit befriedigend auflösen?

Es ist dabei ein häufig vorgebrachtes Vorurteil, dass Nietzsches Kritik an der linken Bewegung auf bloßer Unkenntnis fuße, dass er insbesondere keine Ahnung von Ökonomie gehabt hätte. Der ‹Ökonom Marx› müsse eben mit dem ‹Kulturphilosophen› oder ‹Psychologen Nietzsche› ergänzt werden. Dieses Vorurteil hat eine gewisse Berechtigung, doch ist sowohl was den einen, als auch, was den anderen betrifft verkürzt: Marx (und v. a. Engels) machten sich ja durchaus auch zahlreiche Gedanken zu nicht-ökonomischen Themen – und Nietzsche hatte

52 AM I 73.
53 Vgl. etwa GM II 7.
54 Vgl. etwa GD *Die «Verbesserer»*.
55 Vgl. etwa sehr deutlich GD *Streifzüge* 37.

etwa einige der für die Arbeiterbewegung jener Zeit durchaus wichtigen Schriften Eugen Dührings (1833–1921) (dem Engels «Anti-Dühring»[56] [1878] gewidmet ist) gelesen und andere Schriften über Ökonomie und Politik, darunter insbesondere auch solche, in denen der Name Marx bereits auftaucht und in denen wesentliche seiner Thesen referiert werden. Insbesondere las Nietzsche August Bebels (1840–1913) wichtige Schrift *Die Frau und der Sozialismus* (1879), in der Bebel ausgehend von Marx' und Engels' Theorien begründen wollte, warum der Kampf der Arbeiter und Frauen letztendlich *einer* ist.[57] Bebel war ebenfalls nicht ‹irgendwer›, sondern galt als *der* führende Kopf der SPD jener Zeit.

b) Nietzsche und die Arbeiterbewegung

Führen wir uns zunächst vor Augen, was Nietzsche zur ‹Arbeiterfrage› zu sagen hat. In *Ecce homo* schreibt er selbst: «[D]as Leben *krank* an diesem entmenschten Räderwerk und Mechanismus, an der ‹*Un*persönlichkeit› des Arbeiters, an der falschen Ökonomie der ›Theilung der Arbeit‹. Der *Zweck* geht verloren, die Cultur: – das Mittel, der moderne Wissenschafts-Betrieb, *barbarisirt...*»[58] Er fasst hier den Kerngedanken der zweiten *Unzeitgemäßen Betrachtung* zusammen, auf die wir noch zu sprechen kommen werden. Man sieht hier, dass Nietzsche ein sehr eindeutiges Urteil fällt, wenn er die Entfremdung des modernen ‹Geistesarbeiters›, die er aus eigener Erfahrung kannte, beschreibt; ein Urteil, das so fast genauso bei Marx stehen könnte, wäre hier eben nicht nur vom Wissenschaftsbetrieb die Rede.

Nietzsche bestreitet auch generell nicht, dass die massive industrielle Verheizung der Arbeiter ein Problem darstellt:

> Die *Ausbeutung* des Arbeiters war, wie man jetzt begreift, eine Dummheit, ein Raub-Bau auf Kosten der Zukunft, eine Gefährdung der Gesellschaft. Jetzt hat man fast schon den Krieg: und jedenfalls werden die Kosten, um den Frieden zu erhalten, um Verträge zu schliessen und Vertrauen zu erlangen, nunmehr

56 Der korrekte Titel des Buches lautet: *Herrn Eugen Dühring's Umwälzung der Wissenschaft.*

57 Vgl. den äußerst instruktiven Aufsatz *Nietzsches Knowledge of Marx and Marxism* von Thomas H. Brobjer.

58 EH *Unzeitgemäßen* 1.

sehr gross sein, weil die Thorheit der Ausbeutenden sehr gross und langdauernd war.[59]

Dies lässt sich so verstehen, dass er durchaus für Reformen zugunsten der Arbeiter eintreten würde. Da er jedoch eine grundsätzlich herrschaftsfreie Gesellschaft ablehnt, fallen seine Lösungsvorschläge des Problems zwar originell, aber letztendlich doch unbefriedigend aus: In der *Morgenröthe* kritisiert er im 206. Aphorismus zwar scharf die Unfreiheit der Arbeiter, schlägt zur Lösung des Problems, explizit gegen «socialistische[] Rattenfänger» gerichtet, jedoch vor, dass sie doch einfach Europa verlassen sollen – was ja impliziert, dass sie dann die an ihrem Ziel lebenden Menschen versklaven. Statt der emigrierten europäischen Arbeiter solle man «*Chinesen* hereinholen», denn «diese würden die Denk- und Lebensweise mitbringen, welche sich für arbeitsame Ameisen schickt». An der Ausbeutung soll also nichts geändert werden, diese soll nur auf ‹von Natur aus› zur Unterordnung berufene ‹Rassen› ausgedehnt werden. Womöglich ist das eine treffende Beschreibung der wirklichen Politik der ‹Rassifizierung› des Klassengegensatzes – eine linke Strategie kann das offensichtlich nicht sein.

Zwei weitere Maßnahmen, die Nietzsche diskutiert, sind, dass die Kapitalisten wieder wie alte Aristokraten agieren sollen – also wie echte Führungspersönlichkeiten, denen die Arbeiter dann von selbst willig folgen würden[60] – und dass man die Bildung nicht mehr so gestalten sollte, dass man die doch eigentlich zum Sklavendienst berufenen Arbeiter zu Herren erzieht.[61] Das alles liest sich in der Tat wie eine Vorwegnahme des Faschismus.

c) Nietzsche und der Feminismus

Wenn es um die Frauen geht, ist Nietzsche nicht weniger zimperlich. Zwar gesteht er zu, dass es gar kein ‹natürliches Wesen der Frau› gebe, sondern dass ihr ‹Wesen› Ergebnis ihrer patriarchalen Unterdrückung sei – doch zugleich spricht er sich vehement dagegen aus, dieser Unterdrückung ein Ende zu setzen. Seinen ‹Sozialkonstruktivismus› bezüglich des ‹Wesen des Weibes› bringt er in der *Götzen-Dämmerung* auf folgende Formel:

59 AM II 286.
60 Vgl. FW 40.
61 Vgl. GD *Streifzüge* 40.

«Der Mann hat das Weib geschaffen – woraus doch? Aus einer Rippe seines Gottes, – seines ‹Ideals›...»[62] In der *Fröhlichen Wissenschaft* heißt es:

> Man brachte einen Jüngling zu einem weisen Manne und sagte: «Siehe, das ist Einer, der durch die Weiber verdorben wird!» Der weise Mann schüttelte den Kopf und lächelte. «Die Männer sind es, rief er, welche die Weiber verderben: und Alles, was die Weiber fehlen, soll an den Männern gebüsst und gebessert werden, – denn der Mann macht sich das Bild des Weibes, und das Weib bildet sich nach diesem Bilde.» – «Du bist zu mildherzig gegen die Weiber, sagte einer der Umstehenden, du kennst sie nicht!» Der weise Mann antwortete: «Des Mannes Art ist Wille, des Weibes Art Willigkeit, – so ist es das Gesetz der Geschlechter, wahrlich! ein hartes Gesetz für das Weib! Alle Menschen sind unschuldig für ihr Dasein, die Weiber aber sind unschuldig im zweiten Grade: wer könnte für sie des Oels und der Milde genug haben.» – Was Oel! Was Milde! rief ein Anderer aus der Menge; man muss die Weiber besser erziehen! – «Man muss die Männer besser erziehen,» sagte der weise Mann und winkte dem Jünglinge, dass er ihm folge. – Der Jüngling aber folgte ihm nicht.[63]

Wenige Aphorismen später kritisiert er die herrschenden Moralvorstellungen, die die Frauen in sexueller Hinsicht bis zur Ehe vollkommen unwissend halten – und sie dann plötzlich mit der Sexualität konfrontieren.[64]

Um nun Nietzsches aggressiven Antifeminismus nachvollziehen zu können, sei ein längerer Aphorismus aus *Jenseits von Gut und Böse* zitiert:

> Das schwache Geschlecht ist in keinem Zeitalter mit solcher Achtung von Seiten der Männer behandelt worden als in unserm Zeitalter – das gehört zum demokratischen Hang und Grundgeschmack, ebenso wie die Unehrerbietigkeit vor dem Alter –: was Wunder, dass sofort wieder mit dieser Achtung Missbrauch getrieben wird? Man will mehr, man lernt fordern, man findet zuletzt jenen Achtungszoll beinahe schon kränkend, man würde den Wettbewerb um Rechte, ja ganz eigentlich den Kampf vorziehn: genug, das Weib verliert an Scham. Setzen

62 *Sprüche* 13.
63 68.
64 Vgl. 71.

wir sofort hinzu, dass es auch an Geschmack verliert. Es verlernt den Mann zu *fürchten*: aber das Weib, das «das Fürchten verlernt», giebt seine weiblichsten Instinkte preis. Dass das Weib sich hervor wagt, wenn das Furcht-Einflössende am Manne, sagen wir bestimmter, wenn der *Mann* im Manne nicht mehr gewollt und grossgezüchtet wird, ist billig genug, auch begreiflich genug; was sich schwerer begreift, ist, dass ebendamit – das Weib entartet. Dies geschieht heute: täuschen wir uns nicht darüber! Wo nur der industrielle Geist über den militärischen und aristokratischen Geist gesiegt hat, strebt jetzt das Weib nach der wirthschaftlichen und rechtlichen Selbständigkeit eines Commis [kaufmännischer Angestellter]: «das Weib als Commis» steht an der Pforte der sich bildenden modernen Gesellschaft. Indem es sich dergestalt neuer Rechte bemächtigt, «Herr» zu werden trachtet und den «Fortschritt» des Weibes auf seine Fahnen und Fähnchen schreibt, vollzieht sich mit schrecklicher Deutlichkeit das Umgekehrte: *das Weib geht zurück*. Seit der französischen Revolution ist in Europa der Einfluss des Weibes in dem Maasse *geringer* geworden, als es an Rechten und Ansprüchen zugenommen hat; und die «Emancipation des Weibes», insofern sie von den Frauen selbst (und nicht nur von männlichen Flachköpfen) verlangt und gefördert wird, ergiebt sich dergestalt als ein merkwürdiges Symptom von der zunehmenden Schwächung und Abstumpfung der allerweiblichsten Instinkte. Es ist *Dummheit* in dieser Bewegung, eine beinahe maskulinische Dummheit, deren sich ein wohlgerathenes Weib – das immer ein kluges Weib ist – von Grund aus zu schämen hätte. Die Witterung dafür verlieren, auf welchem Boden man am sichersten zum Siege kommt; die Übung in seiner eigentlichen Waffenkunst vernachlässigen; sich vor dem Manne gehen lassen, vielleicht sogar «bis zum Buche», wo man sich früher in Zucht und feine listige Demuth nahm; dem Glauben des Mannes an ein im Weibe *verhülltes* grundverschiedenes Ideal, an irgend ein Ewig- und Nothwendig-Weibliches mit tugendhafter Dreistigkeit entgegenarbeiten; dem Manne es nachdrücklich und geschwätzig ausreden, dass das Weib gleich einem zarteren, wunderlich wilden und oft angenehmen Hausthiere erhalten, versorgt, geschützt, geschont werden müsse; das täppische und entrüstete Zusammensuchen all des Sklavenhaften und Leibeigenen, das die Stellung des Weibes in der bisherigen Ordnung der Gesellschaft an sich gehabt hat und noch hat (als ob Sklaverei ein Gegenargument und nicht vielmehr eine Bedingung jeder höheren Cultur, jeder Erhöhung der Cultur sei): – was bedeutet dies Alles, wenn nicht eine Anbröckelung der weiblichen Instinkte, eine Entweiblichung? Freilich, es giebt genug blödsinnige Frauen-Freunde und Weibs-Verderber unter den gelehrten Eseln männlichen Geschlechts, die dem Weibe anrathen, sich dergestalt zu entweiblichen und alle die Dummheiten nachzumachen, an denen der «Mann» in Europa, die europäische «Mannhaftigkeit» krankt, – welche das Weib bis zur «allgemeinen Bildung», wohl gar zum Zeitungslesen und Politisiren herunterbringen möchten. Man will hier und da selbst Freigeister und Litteraten aus den Frauen machen: als ob ein Weib ohne Frömmigkeit für einen tiefen und gottlosen Mann nicht etwas vollkommen Widriges oder Lächerliches wäre –; man verdirbt fast überall ihre Nerven mit der krankhaftesten und gefährlichsten aller Arten Musik (unsrer deutschen neuesten Musik [natürlich ein Seitenhieb gegen Wagner]) und macht sie täglich hysterischer und zu ihrem ersten und letzten Berufe, kräftige Kinder zu gebären, unbefähigter. Man will sie überhaupt noch mehr «cultiviren» und, wie man sagt, das «schwache Geschlecht» durch Cultur *stark* machen: als ob nicht die Geschichte so eindringlich wie möglich lehrte, dass «Cultivirung» des Menschen und Schwächung – nämlich Schwächung, Zersplitterung, Ankränkelung der *Willenskraft*, immer mit einander Schritt gegangen sind, und dass die mächtigsten und einflussreichsten Frauen der Welt [...] gerade ihrer Willenskraft – und nicht den Schulmeistern! – ihre Macht und ihr Übergewicht über die Männer verdankten. Das, was am Weibe Respekt und oft genug Furcht einflösst, ist seine *Natur*, die «natürlicher» ist als die des Mannes, seine ächte raubthierhafte listige Geschmeidigkeit, seine Tigerkralle unter dem Handschuh, seine Naivetät im Egoismus, seine Unerziehbarkeit und innerliche Wildheit, das Unfassliche, Weite, Schweifende seiner Begierden und Tugenden...... Was, bei aller Furcht, für diese gefährliche und schöne Katze «Weib» Mitleiden macht, ist, dass es leidender, verletzbarer, liebebedürftiger und zur Enttäuschung verurtheilter erscheint als irgend ein Thier. Furcht und Mitleiden: mit diesen Gefühlen stand bisher der Mann vor dem Weibe, immer mit einem Fusse schon in der Tragödie, welche zerreisst, indem sie entzückt –. Wie? Und damit soll es nun zu Ende sein? Und die *Entzauberung* des Weibes ist im Werke? Die Verlangweili-

> gung des Weibes kommt langsam herauf? Oh Europa! Europa! Man kennt das Thier mit Hörnern, welches für dich immer am anziehendsten war, von dem dir immer wieder Gefahr droht! Deine alte Fabel könnte noch einmal zur «Geschichte» werden, – noch einmal könnte eine ungeheure Dummheit über dich Herr werden und dich davon tragen! Und unter ihr kein Gott versteckt, nein! nur eine «Idee», eine «moderne Idee»!.....[65]

Diese typische Passage zeigt, dass Nietzsche nicht essentialistisch argumentiert. Seine Gedanken lassen zudem die wohlwollende Lesart zu, dass er den Feminismus vor allem deshalb kritisiert, weil er es als keinen ‹Fortschritt› ansieht, wenn nun auch noch die Frauen der modernen Lebensform, die er zutiefst verachtet, ausgesetzt werden. In der Tat ist es ja eine Lücke im Mainstreamfeminismus, dem es vor allem darum zu tun ist, Männer und Frauen gleichzustellen, dass er die männliche Lebensform als Maßstab ansieht, an den sich die Frauen anzugleichen haben. Dass damit auch massive Opfer für die Frauen verbunden sind und ob diese Lebensform überhaupt an sich erstrebenswert ist, wird dabei oft nicht thematisiert. Und ebenso kann man sich mit Nietzsche fragen, ob mit dieser Angleichung nicht wirklich ein beklagenswerter Verlust an Vielfalt verbunden ist. – Doch solche Überlegungen können natürlich nicht darüber hinwegtäuschen, dass Nietzsche es – wie er ja ganz offen schreibt – gutheißt, dass Frauen in sklavenähnlichen Verhältnissen leben müssen. Immerhin relativiert Nietzsche seine Überlegungen zur ‹Frauenfrage› an dieser Stelle (und, in anderer Form, auch an anderen derartigen Stellen[66]):

> Das Lernen verwandelt uns, es thut Das, was alle Ernährung thut, die auch nicht bloss «erhält» –: wie der Physiologe weiss. Aber im Grunde von uns, ganz «da unten», giebt es freilich etwas Unbelehrbares, einen Granit von geistigem Fatum, von vorherbestimmter Entscheidung und Antwort auf vorherbestimmte ausgelesene Fragen. Bei jedem kardinalen Probleme redet ein unwandelbares «das bin ich»; über Mann und Weib zum Beispiel kann ein Denker nicht umlernen, sondern nur auslernen, – nur zu Ende entdecken, was darüber bei ihm «feststeht». Man findet bei Zeiten gewisse Lösungen von Problemen, die gerade uns starken Glauben machen; vielleicht nennt

65 239.

66 Vgl. etwa Za *Von alten und jungen Weiblein*.

> man sie fürderhin seine «Überzeugungen». Später – sieht man in ihnen nur Fusstapfen zur Selbsterkenntniss, Wegweiser zum Probleme, das wir sind, – richtiger, zur grossen Dummheit, die wir sind, zu unserem geistigen Fatum, zum *Unbelehrbaren* ganz «da unten». – Auf diese reichliche Artigkeit hin, wie ich sie eben gegen mich selbst begangen habe, wird es mir vielleicht eher schon gestattet sein, über das «Weib an sich» einige Wahrheiten herauszusagen: gesetzt, dass man es von vornherein nunmehr weiss, wie sehr es eben nur – *meine* Wahrheiten sind.[67]

Ein wesentlicher Topos in Nietzsches Werken ist dabei die Schwangerschaft. Im *Zarathustra* heißt es etwa: «So will ich Mann und Weib: kriegstüchtig den Einen, gebärtüchtig das Andre[.]»[68] Er fährt freilich fort: «*[B]eide* aber tanztüchtig mit Kopf und Beinen.» Metaphern der Schwangerschaft werden von Nietzsche auch wiederholt verwendet, um die, natürlich extrem positiv aufgeladene, Fähigkeit zu neuen kulturellen Schöpfungen zu bezeichnen: «[M]an muss noch Chaos in sich haben, um einen tanzenden Stern gebären zu können.»[69] Wenn Nietzsche in der Gebärfähigkeit eine besondere Gabe der Frau erblickt, dann kann man das durchaus auch als höchstes Lob und Zugeständnis einer tiefgreifenden Defizienz der maskulinen Subjektivität ansehen.[70]

d) Nietzsche und die ‹Judenfrage›

Worauf wir abschließend noch zu sprechen kommen sollten, ist Nietzsches Verhältnis zu den Juden und zum Antisemitismus. Aus Nietzsches wagnerianischer Frühphase sind einige eindeutig antisemitische Äußerungen überliefert[71] – und auch in der *Geburt der Tragödie* spricht er im vorletzten, 24., Abschnitt,

---

67 232.

68 *Tafeln* 23; meine Herv.

69 Za *Vorrede* 5.

70 Die Interpretin Caroline Picart spricht etwa sogar, im Anschluss an Luce Irigaray, von Nietzsches «unheilbarem Gebärmutterneid» (*Classic and Romantic Mythology*, 41).

71 So schreibt er in einem Brief an Mutter und Schwester: «Endlich habe ich mit Gersdorff eine Kneipe gefunden, wo man nicht Schmelzbutter und *Judenfratzen* zu genießen hat» (Bf. v. 22.4.1866; Nr. 502). An die Mutter schreibt er am 1. Oktober 1872: «Dann esse ich in meinem Hôtel, wo ich bereits einige Gefährten für die morgende Splügentour vorfinde: leider darunter einen Juden.» (Nr. 257; Splügen ist ein Dorf in der Schweiz)

davon, dass «der deutsche Geist» eines Tages erwachen und «die tückischen Zwerge vernichten» wird, der lange Zeit schon «von Haus und Heimat» entfremdet in ihrem Dienst gelebt hätte. «Ihr versteht das Wort», schreibt er. Er spielt hier auf Wagners *Ring des Nibelungen* an, in dem die dort auftretenden Zwerge sichtlich als Judenkarikaturen verstanden werden können. Nietzsche ist diese Stelle im Nachhinein sichtlich unangenehm und er schreibt in *Ecce homo* auffällig unmotiviert: «Einmal wird auf die christlichen Priester wie auf eine ‹tückische Art von Zwergen›, von ‹Unterirdischen› angespielt...»[72] Die spätere Christentumskritik spielt in dieser frühen Schrift allerdings nur eine untergeordnete Rolle, wahrscheinlicher ist wirklich, dass Nietzsche sich hier des bis heute unter Antisemiten beliebten Verfahrens bediente, ihren Antisemitismus in Form von zweideutigen Codes zu maskieren (schon damals galt es als ‹politisch unkorrekt›, seine Judenfeindschaft allzu deutlich auszusprechen).

Allerdings kann nicht davon ausgegangen werden, dass selbst für den frühen Nietzsche der Antisemitismus eine entscheidende, seine Identität prägende Rolle spielte. Eher passte er sich an das Milieu an, in dem er verkehrte. Jedenfalls legte er ihn nach seinem Bruch mit Wagner nicht nur schnell ab, sondern äußerte sich wiederholt in aggressiver Weise gegen ihn. Der Antisemitismus war dabei im Wilhelminischen Deutschland nicht gerade ein Randphänomen: Es formierte sich eine wachsende antisemitische Bewegung (die sich auch selbst so bezeichnete), die mehr und mehr an Einfluss gewann. Der Antisemitismus wurde dabei nicht mehr, wie noch wenige Jahrzehnte zuvor, religiös begründet – was es den Juden immerhin erlaubte, ihm durch eine Konversion zum Christentum zu entgehen –, sondern rassisch. Unverhohlen wurde dabei bereits damals die Ausweisung und sogar physische Vernichtung der Juden gefordert. Wichtige Fürsprecher jener Bewegung waren neben Wagner auch der erwähnte Dühring, der zeitweilig der wichtigste Antipode Marx' in der Arbeiterbewegung war, bis Engels' erwähnte Polemik ihn zurückdrängen konnte. Erst danach machte Dühring die ‹Judenfrage› zu seinem Kernthema – doch obwohl es in seinen Schriften schon zuvor auftaucht, spielt es im «Anti-Dühring»[73] nur eine Nebenrolle. Noch 1890

72 GT 1.
73 Vgl. *Herrn Eugen Dühring's Umwälzung der Wissenschaft.*

bezeichnet Engels den Antisemitismus als reaktionäres Vorurteil der ohnehin schon im Untergang befindlichen ‹Zwischenklassen› wie dem Kleinbürgertum und den selbständigen Handwerkern, das sich mit dem Fortschritt der Kapitalisierung der Welt ohnehin von selbst erledigen werde.[74] Marx' und Engels' schematische Fortschrittsideologie verunmöglichte es ihnen sichtlich, ihn als reale politische Gefahr auch für ihr eigenes Projekt ernst zu nehmen.

Nietzsche, der die Idee des ‹Fortschritts› grundsätzlich kritisierte (auf seine Geschichtsphilosophie werden wir noch zu sprechen kommen), bewies da ein besseres Sensorium. Insbesondere in seinem Spätwerk betrachtet er den Antisemitismus als eine der gefährlichsten politischen Bewegungen seiner Zeit, fordert etwa «die antisemitischen Schreihälse des Landes zu verweisen»[75]. In zwei seiner letzten Briefe sagt er «Ich lasse eben alle Antisemiten erschiessen»[76] und «Wilhelm Bismarck und alle Antisemiten abgeschafft»[77]. Er greift in seiner Antisemitismuskritik manche antisemitischen Motive auf, gibt ihnen jedoch eine oft scharfsinnige entlarvende Wendung. So fordert er etwa die Paarung von jüdischen Bankierstöchtern mit adeligen Offizieren aus der Mark Brandenburg, um «zu sehen, ob sich nicht zu der erblichen Kunst des Befehlens und Gehorchens – in Beidem ist das bezeichnete Land heute klassisch – das Genie des Geldes und der Geduld (und vor allem etwas Geist und Geistigkeit, woran es reichlich an der bezeichneten Stelle fehlt –) hinzuthun, hinzuzüchten liesse.»[78] Nietzsche hat damit ja ganz recht: *Wenn* es wirklich so wäre, dass die Juden eine besonders talentierte, in den Dingen des Geldes und des Geistes bewanderte ‹Rasse› *wären*, wäre man ja ein Idiot, sie auszuweisen und die Paarung mit ihnen zu verbieten: Man sollte gerade versuchen, ihr lohnendes Erbgut in das eigene zu integrieren.

Allerdings finden sich auch beim späten Nietzsche zahlreiche Äußerungen zum Judentum, die zwar nicht direkt antisemitisch sind, zur Begründung eines ‹geistigen Antisemitismus› jedoch

---

74 Vgl. *Über den Antisemitismus.*

75 JGB 251.

76 Bf. an Franz Overbeck v. 4.1.1889; Nr. 1249.

77 Bf. an Jacob Burckhardt v. 6.1.1889; Nr. 1256.

78 JGB 251. Nietzsche spricht danach selbst von einer «heitere[n] Deutschthümelei und Festrede», die er nun abbrechen müsse, um zu markieren, dass er diese Spekulationen nicht ganz ernst meint.

durchaus herangezogen werden können – und es auch wurden. Besonders derb ist in dieser Hinsicht die erste Abhandlung der *Genealogie der Moral*, in der Nietzsche den Gegensatz von «Herren-» und «Sklavenmoral» zu systematisieren versucht. (Auf ihren genauen Inhalt werden wir noch detailliert zurückkommen.) Auch wenn er in der dritten Abhandlung des Buches davon spricht, dass der «Priester» als Verbreiter der Sklavenmoral «keiner einzelnen Rasse» (11) angehöre, bezeichnet er dort die Juden als das «priesterliche Volk des Ressentiment par excellence» (16), dem die welthistorische Mission zugekommen sei[79], der Sklavenmoral im Kampf gegen die römische Herrenmoral vermittels des Christentums zum – vorläufigen – Sieg zu verhelfen: «‹Rom gegen Judäa, Judäa gegen Rom›: – es gab bisher kein grösseres Ereigniss als *diesen* Kampf, *diese* Fragestellung, *diesen* todfeindlichen Widerspruch.» (16) Nietzsche, der keinen Zweifel daran lässt, auf welche Seite man sich seines Erachtens in diesem Kampf stellen solle, wollte damit nicht die Juden, sondern vor allem das Christentum und die Französische Revolution kritisieren, die der Sklavenmoral noch einmal zum Sieg verholfen habe – als ‹Retter der Herrenmoral› glorifiziert Nietzsche Napoleon.[80] Doch ganz davon abgesehen, dass es sich auch die Nazis auf die Fahnen geschrieben hatten, 1789 rückgängig zu machen,[81] muss man zugestehen, dass dieser Satz genau so auch in *Mein Kampf* stehen könnte.

Nicht verschwiegen werden darf allerdings auch, dass Nietzsche über das alttestamentarische Judentum nicht selten mit großer Bewunderung spricht. In *Jenseits von Gut und Böse* spricht er etwa davon, dass es im Alten Testament «Menschen, Dinge und Reden in einem so grossen Stile [gebe], dass das griechische und indische Schriftenthum ihm nichts zur Seite zu stellen hat». (52)

Wir werden sehen, dass diese in vielerlei Hinsicht schwankende Position nicht nur typisch für Nietzsches politische Stellungnahmen, sondern auch für seine weitergehenden philosophischen Überlegungen ist – und dass sich beide Ebenen, wie ja bereits angedeutet, im Grunde kaum trennen lassen. Man kann die-

79 «[N]ie [hatte] ein Volk eine welthistorischere Mission» (I 9).

80 Vgl. ebd.

81 Kurz nach ihrer Machtübernahme erklärte Goebbels: «Damit wird das Jahr 1789 aus der Geschichte gestrichen» (zit. n. Karl Dietrich Bracher, *Die deutsche Diktatur*, 8).

se Spezialität als Feigheit Nietzsches deuten – oder als Zeichen seiner intellektuellen Redlichkeit. Sie entspringt jedenfalls, wie ja bereits angedeutet, Nietzsches sozialer Situation: Als Rentier kann er sich eine große geistige Unabhängigkeit leisten – und nutzt sie auch, um seiner Unzufriedenheit mit der Gesellschaft seiner Zeit Ausdruck zu verleihen –, doch zugleich scheut er sich davor, sich allzu gemein mit den unterdrückten Teilen der Bevölkerung zu machen.

2. Dynamit und Hammer: Nietzsches Metaphysikkritik

Entsprechend der völligen Ablehnung aller politischen Ideologien seiner Zeit bezeichnet sich Nietzsche selbst als «Dynamit»[82], sein letztes Werk *Götzen-Dämmerung* trägt den brachial anmutenden Untertitel: «Wie man mit dem Hammer philosophirt»[83]. Doch damit ist *nicht* – das wäre eine eher schopenhauerianische Haltung – gemeint, dass die ‹modernen Ideen› im Sinne ‹ewiger Wahrheiten› kritisieren werden sollten. Im Gegenteil schreibt er im Vorwort der Schrift:

> Diese kleine Schrift ist eine *grosse Kriegserklärung*; und was das Aushorchen von Götzen anbetrifft, so sind es dies Mal keine Zeitgötzen, sondern *ewige* Götzen, an die hier mit dem Hammer wie mit einer Stimmgabel gerührt wird, – es giebt überhaupt keine älteren, keine überzeugteren, keine aufgeblaseneren Götzen... Auch keine hohleren... Das hindert nicht, dass sie die *geglaubtesten* sind; auch sagt man, zumal im vornehmsten Falle, durchaus nicht Götze...

Doch an die Stelle des alten Gottes soll kein neuer treten – kritisiert wird nicht nur der Inhalt der frühen Wahrheiten, sondern gewissermaßen ihre Form: «Das, was *Götze* auf dem Titelblatt heisst, ist ganz einfach das, was bisher Wahrheit genannt wurde. *Götzen-Dämmerung* – auf deutsch: es geht zu Ende mit der alten Wahrheit...»[84]

---

82 «Ich bin kein Mensch, ich bin Dynamit.» (EH *Schicksal* 1)

83 Vgl. zum Hammer-Motiv in seiner Vieldeutigkeit Paul Stephan, *Wahrheit als Geschichte und Augenblick*, 87–94.

84 EH GD 1.

Nietzsche meint, dass es grundsätzlich falsch sei, von einer ‹Wahrheit› auszugehen, die jenseits dessen liegt, was uns die Sinne zeigen:

> Sie fragen mich, was Alles Idiosynkrasie bei den Philosophen ist?… Zum Beispiel ihr Mangel an historischem Sinn, ihr Hass gegen die Vorstellung selbst des Werdens, ihr Ägypticismus. Sie glauben einer Sache eine *Ehre* anzuthun, wenn sie dieselbe enthistorisiren, sub specie aeterni [lat., vom Standpunkt der Ewigkeit her], – wenn sie aus ihr eine Mumie machen. Alles, was Philosophen seit Jahrtausenden gehandhabt haben, waren Begriffs-Mumien; es kam nichts Wirkliches lebendig aus ihren Händen. Sie tödten, sie stopfen aus, diese Herren Begriffs-Götzendiener, wenn sie anbeten, – sie werden Allem lebensgefährlich, wenn sie anbeten. Der Tod, der Wandel, das Alter ebensogut als Zeugung und Wachsthum sind für sie Einwände, – Widerlegungen sogar. Was ist, *wird* nicht; was wird, *ist* nicht… Nun glauben sie Alle, mit Verzweiflung sogar, an's Seiende. Da sie aber dessen nicht habhaft werden, suchen sie nach Gründen, weshalb man's ihnen vorenthält. «Es muss ein Schein, eine Betrügerei dabei sein, dass wir das Seiende nicht wahrnehmen: wo steckt der Betrüger?» – «Wir haben ihn, schreien sie glückselig, die Sinnlichkeit ist's! Diese Sinne, *die auch sonst so unmoralisch sind*, sie betrügen uns über die *wahre Welt*. Moral: loskommen von dem Sinnentrug, vom Werden, von der Historie, von der Lüge, – Historie ist nichts als Glaube an die Sinne, Glaube an die Lüge. Moral: Neinsagen zu Allem, was den Sinnen Glauben schenkt, zum ganzen Rest der Menschheit: das ist Alles ‹Volk›. Philosoph sein, Mumie sein, den Monotono-Theismus durch eine Todtengräber-Mimik darstellen! – Und weg vor Allem mit dem *Leibe*, dieser erbarmungswürdigen idée fixe der Sinne! behaftet mit allen Fehlern der Logik, die es giebt, widerlegt, unmöglich sogar, ob er schon frech genug ist, sich als wirklich zu gebärden!»…[85]

‹Wahrheit› ist also weder überhistorisch noch übersinnlich: Nietzsche vertritt vielmehr einen radikalen Empirismus, eine Öffnung des Denkens zu dem, was uns unsere Sinne lehren. Die Philosophen haben Nietzsche zufolge bislang nur schlechte Abstraktionen angewandt, wenn sie sich Gedanken über die Welt gemacht haben – es kommt darauf an, sie, ausgehend

85 GD «*Vernunft*» 1.

insbesondere von den Erkenntnissen der empirischen Wissenschaften, aber auch schlicht der eigenen subjektiven Erfahrung, ganz neu zu interpretieren. Es gibt keine «wahre» und keine «scheinbare» Welt[86] – es gibt nur *eine* Welt, *eine* Wirklichkeit, und der gegenüber müssen wir uns radikal öffnen.

Es ist klar, dass dieser Wahrheitsbegriff kritisch ist, insofern er einer metaphysischen Verklärung kultureller Vorurteile zu ‹ewigen metaphysischen Wahrheiten› (etwa über Frauen oder Nicht-Weiße) im Ansatz den Boden entzieht. Nietzsche mag über Juden und Frauen fragwürdige Dinge geschrieben haben – seiner philosophischen Grundhaltung nach sind sie als experimentelle Erfahrungswahrheiten, nicht als absolute Wahrheiten im metaphysischen Sinn zu verstehen.

Freilich wirft Nietzsches radikale Metaphysikkritik einige Fragen auf. Meint Nietzsche wirklich, dass wir die Realität *unmittelbar* erfahren können? Ist es nicht tatsächlich so, dass uns unsere subjektive Alltagswahrnehmung oft trügt? Gibt es nicht bestimmte logische Grundstrukturen, die wir immer schon voraussetzen müssen, wenn wir uns der Realität nähern? Wieso soll die Behauptung, es gebe keine ewigen Wahrheiten (und alle Thesen, die mir verbunden sind) selbst keine ewige Wahrheit sein – ist also Nietzsches Kritik nicht letztendlich selbstwidersprüchlich? Und wie kann Nietzsche überhaupt noch *irgendwelche* Wahrheiten postulieren? Verliert er sich nicht in einen haltlosen Relativismus oder Skeptizismus – der letztendlich in einen Irrationalismus mündete, der den Faschismus philosophisch vorzubereiten half?

Diesen und anderen Einwänden habe ich versucht, in meiner Studie *Wahrheit als Geschichte und Augenblick* zu begegnen.[87] Ihre Ergebnisse seien hier kurz zusammengefasst:

Erstens lässt sich der *negative* Teil von Nietzsches Wahrheitskritik widerspruchslos begründen, wenn man ihn nicht einfach als Behauptung auffasst, sondern als Resultat des Selbstaufhebungsprozesses der Metaphysik. Es ist die Metaphysik selbst, die, konsequent zu Ende gedacht, in Relativismus, Skeptizismus und Nihilismus mündet – Nietzsche sieht diese Formen des Geistes daher als notwendige Durchgangsstadien zur Wahrheit an, aber noch nicht als höchste Formen. Diesen Prozess stellt

86 Vgl. GD *Fabel.*

87 Vgl. dazu auch die Zusammenfassung meiner dort vertretenen Thesen in dem Aufsatz *Zarathustras «Augen-Blick»*.

Nietzsche in dem Abschnitt *Wie die «wahre Welt» endlich zur Fabel wurde* in der *Götzen-Dämmerung* dar.

Zweitens ist die *positive* Konsequenz aus der völligen Verabschiedung der Metaphysik schlicht, im Wahrheitsspiel auf den Anspruch der Absolutheit zu verzichten und sich mit relativen, brüchigen, perspektivischen Wahrheiten zufrieden zu geben. Das Wahrheitsspiel verliert darum nicht sein Maß und wird beliebig – sein Maß bleibt die Wirklichkeit.

Drittens ist es klar, dass ‹die Wirklichkeit› von niemandem unmittelbar eingesehen werden kann. Sie ist weder ein unerkennbares Ding-an-sich noch vollkommen subjektiv, sondern das unbewusste Fundament unseres Bewusstseins, das dem Bewusstsein weder vollkommen entzogen ist noch vollkommen in ihm aufgeht. Wir leben in einer geteilten Welt – doch haben völlig unterschiedliche Zugänge, Perspektiven auf sie (und vereinigen sogar mehrere in uns).

Viertens ist es Teil jedweden Erkenntnisprozesses, von Aspekten dieser vorsprachlichen Wirklichkeit zu abstrahieren. Erkenntnis wird also stets von einem *Minimum* an Metaphysik heimgesucht, sie ist niemals ‹reine Schau› der Wirklichkeit. Sie schwankt stetig zwischen den beiden Extremen, sich entweder in der chaotischen Vielheit der Wirklichkeit zu verlieren oder eine erstarrte Metaphysik ohne Wirklichkeitsbezug hervorzubringen.

Diese Thesen vertritt Nietzsche im Wesentlichen bereits in seiner frühen Schrift *Ueber Wahrheit und Lüge im außermoralischen Sinne,* die wir oben bereits erwähnt haben. Der Titel drückt schon aus, dass Nietzsche hier die Begriffe ‹Wahrheit› und ‹Lüge› einer grundsätzlichen Revision unterzieht: ‹Wahrheiten› seien nichts weiter als erstarrte Vorurteile, die von der Wissenschaft und der Philosophie zu großartigen Systemen ausgebreitet werden; als ‹Lüge› werde bezeichnet, was von diesen ‹Wahrheiten› abweiche. Der ‹Wahrheit› der Wissenschaft stellt Nietzsche die Kraft der Intuition entgegen: Der intuitive Mensch vertraue seiner Sinnlichkeit mehr als den ihm vorgesetzten ‹Wahrheiten› und es gelinge ihm dadurch, neue, wirklichkeitsgemäßere Metaphern zu bilden – die dann natürlich auch wieder irgendwann zu etablierten ‹Wahrheiten› gerinnen und wieder neu umgeschaffen werden müssen. Es gibt so einen ewigen Konflikt zwischen ‹vernünftigen› und ‹intuitiven› Menschen:

Während der von Begriffen und Abstractionen geleitete Mensch durch diese das Unglück nur abwehrt, ohne selbst aus den Abstraktionen sich Glück zu erzwingen, während er nach möglichster Freiheit von Schmerzen trachtet, erntet der intuitive Mensch, inmitten einer Kultur stehend, bereits von seinen Intuitionen, ausser der Abwehr des Uebels eine fortwährend einströmende Erhellung, Aufheiterung, Erlösung. Freilich leidet er heftiger, *wenn* er leidet; ja er leidet auch öfter, weil er aus der Erfahrung nicht zu lernen versteht und immer wieder in dieselbe Grube fällt, in die er einmal gefallen. Im Leide ist er dann ebenso unvernünftig wie im Glück, er schreit laut und hat keinen Trost. Wie anders steht unter dem gleichen Missgeschick der stoische, an der Erfahrung belehrte, durch Begriffe sich beherrschende Mensch da! Er, der sonst nur Aufrichtigkeit, Wahrheit, Freiheit von Täuschungen und Schutz vor berückenden Ueberfällen sucht, legt jetzt, im Unglück, das Meisterstück der Verstellung ab, wie jener im Glück; er trägt kein zuckendes und bewegliches Menschengesicht, sondern gleichsam eine Maske mit würdigem Gleichmaasse der Züge, er schreit nicht und verändert nicht einmal seine Stimme. Wenn eine rechte Wetterwolke sich über ihn ausgiesst, so hüllt er sich in seinen Mantel und geht langsamen Schrittes unter ihr davon.[88]

a) Marx und Nietzsche

Dieser Passus ist interessant, weil er einen entscheidenden, bereits implizit angedeuteten Unterschied zwischen Nietzsche und Marx deutlich markiert: Auch Marx kritisiert ja, mit teilweise sehr ähnlichen Worten, die Metaphysik und die idealistische Philosophie. Doch er etabliert gegen sie ein neues Wahrheitskriterium, das sich von Nietzsches Intuitionismus deutlich unterscheidet. Die menschliche Praxis, in der sich ‹Wahrheiten› erst zu bewähren haben. Engels bringt diesen Grundgedanken von Marx auf die plakative Formel: «The proof of the pudding is in eating it.»[89] ‹Wahrheitskriterium› ist also letztendlich der praktische Erfolg einer Theorie.

Offensichtlich betrachtet das Nietzsche – was mit seiner generellen Herabsetzung der Praxis gegenüber der Kontemplation

88 2.

89 Engl., ‹Der Beweis des Puddings besteht darin, ihn zu essen.› *Entwicklung des Sozialismus*, 296.

zusammenhängt – genau anders herum: ‹Praktischer Erfolg› sei gerade ein Zeichen der metaphysischen Pseudowahrheit, der der Wirklichkeit nähere intuitive Mensch zeichne sich gerade durch seine Praxisferne und damit sein Scheitern aus. Nietzsche spottet zwar ähnlich wie Marx und Engels[90] darüber, dass die Philosophien das «Weib» «Wahrheit» nicht richtig zu ‹nehmen› wüssten[91] – doch auch er würde den Pudding nicht essen, sondern ihn *betrachten*, um über ihn zu neuen Ansichten zu kommen. Marx betrachtet den Menschen wesentlich als Arbeiter, Nietzsche als Künstler.

Beide Wahrheitstheorien beinhalten wesentliche kritische Einsichten und sind den gängigen der Philosophen (Positivismus, Konsenstheorie, Korrespondenztheorie, Konsistenztheorie …) haushoch überlegen, insofern sie von der wirklichen Erfahrung der Menschen statt irgendwelchen Abstraktionen ausgehen. Sie werden dem Faktum gerecht, dass der Mensch erst einmal leibliches Wesen ist, Tier, ehe er sprechendes und denkendes Wesen ist. Doch welcher der beiden ist der Vorzug zu geben?

Wahrscheinlich müssten man beide Theorien in einem umfassenden Praxis-Begriff integrieren, um einen wirklich umfassenden antiidealistischen Wahrheitsbegriff etablieren zu können.[92] Marx verkürzt die menschliche Praxis auf ihren zweckrationalen Aspekt – doch selbst die ‹primitivsten› menschlichen Tätigkeiten entspringen nie der bloßen materiellen Notwendigkeit. Nietzsche schreibt:

> Weder das Haus, noch der Schritt, noch die Kleidung, noch der thönerne Krug verrathen, dass die Nothdurft sie erfand; es scheint so als ob in ihnen allen ein erhabenes Glück und eine olympische Wolkenlosigkeit und gleichsam ein Spielen mit dem Ernste ausgesprochen werden sollte.[93]

Natürlich ist das auch eine einseitige Perspektive: Das Haus muss den Gesetzen der Statik gehorchen; der Gang, die Kleidung,

90 «Philosophie und Studium der wirklichen Welt verhalten sich zueinander wie Onanie und Geschlechtsliebe.» (*Deutsche Ideologie*, 218)

91 Vgl. JGB *Vorrede*.

92 Was natürlich kein neuer Gedanke ist, sondern von den meisten nicht der fragwürdigen ‹sprachlichen Wende› (‹*linguistic turn*›) folgenden, also ernsthaften, Denkern des 20. Jahrhunderts versucht worden ist – am ambitioniertesten wahrscheinlich von Sartre, Heidegger und Adorno.

93 WL 2.

die Ernährung – sie alle unterliegen bestimmten praktischen Erfordernissen, deren Bedeutung der technische Fortschritt zwar immer weiter minimiert, sie jedoch nie ganz ausschalten wird können. Doch schon die ersten Menschen wollten nicht einfach nur *über*-leben: Sie wollten *leben*, sie wollten sich eine nicht nur nützliche, sondern auch schöne, lustvolle und sinnhafte Welt schaffen. Man betrachte nur den Aufwand, den bereits sie für Bauwerke wie Newgrange, Stonehenge oder die Pyramiden investierten.

Das stärkste Argument gegen die Betrachtung des Menschen als rationalen *homo oeconomicus,* der auch Marx folgt, ist jedoch, dass bereits ein ungeheurer Lernprozess stattgefunden haben muss, bis der Mensch zu zweckrationalem, am von Freud so genannten ‹Realitätsprinzip› orientiertem Handeln überhaupt in der Lage ist. Man kann bei der Erziehung jedes Kindes nachvollziehen, wie lange es dauert, bis es überhaupt ‹Ich› sagen lernt – man muss davon ausgehen, dass es Jahrtausende dauerte, bis der Mensch auf gattungsgeschichtlicher Ebene zum ökonomischen Kalkulieren fähig wurde. Nietzsche schreibt in *Zur Genealogie der Moral*:

> Aus diesem *Pathos der Distanz* heraus haben sie [die ursprünglichen Schöpfer der Moral] sich das Recht, Werthe zu schaffen, Namen der Werthe auszuprägen, erst genommen: was gieng sie die Nützlichkeit an! Der Gesichtspunkt der Nützlichkeit ist gerade in Bezug auf ein solches heisses Herausquellen oberster rang-ordnender, rang-abhebender Werthurtheile so fremd und unangemessen wie möglich: hier ist eben das Gefühl bei einem Gegensatze jenes niedrigen Wärmegrades angelangt, den jede berechnende Klugheit, jeder Nützlichkeits-Calcul voraussetzt, – und nicht für einmal, nicht für eine Stunde der Ausnahme, sondern für die Dauer.[94]

Mit anderen Worten: Der Wert der ‹Nützlichkeit› muss sich erst einmal etabliert haben, ehe er überhaupt von zentraler Bedeutung für das menschliche Leben sein kann. Er ist nicht selbstverständlich. Und *sollte* er überhaupt in allen Belangen der bestimmende Wert sein? *Sollten* wir nur Aussagen für wahr halten, die sich praktisch bewähren? Vielleicht ginge uns dann gerade das Schönste, Beste und Höchste am Leben verloren – und der Kapitalismus ist es ja, der alles und jeden unter dem Wert

94 I 2.

der Nützlichkeit subsumiert (womit natürlich stets primär die Nützlichkeit für das Kapital, nicht für die Menschen gemeint ist). Hier würde freilich auch Marx wieder zustimmen, der ja davon träumt, dass der Mensch im Kommunismus das «Reich der Notwendigkeit» endgültig hinter sich lassen und das «Reich der Freiheit» erreichen werde[95] – er entpuppt sich darin wie Nietzsche als Erbe des deutschen Klassizismus und seines ästhetischen Humanismus. Das «spielende Kind», eine Formulierung Nietzsches für seine Utopie[96] – das ist auch die Utopie von Marx. Vielleicht gilt auch für Marx im Kommunismus Nietzsches Losung «Nichts ist wahr, Alles ist erlaubt»[97]?

b) Die Klippe des Nihilismus

Die vielleicht beste Ausformulierung seines positiven Gegenentwurfs zur Metaphysik gibt Nietzsche in der 3. Abhandlung der *Genealogie der Moral*. Seine (u. a.) dort vertretene Haltung wird oft als ‹Perspektivismus› bezeichnet – ein Ausdruck, den Nietzsche auch hin und wieder selbst zur Bezeichnung seiner Position gebraucht.[98] Er schreibt dort im 12. Abschnitt:

> Hüten wir uns nämlich, meine Herrn Philosophen, von nun an besser vor der gefährlichen alten Begriffs-Fabelei, welche ein «reines, willenloses, schmerzloses, zeitloses Subjekt der Erkenntniss» angesetzt hat, hüten wir uns vor den Fangarmen solcher contradiktorischen Begriffe wie «reine Vernunft», «absolute Geistigkeit», «Erkenntniss an sich»: – hier wird immer ein Auge zu denken verlangt, das gar nicht gedacht werden kann, ein Auge, das durchaus keine Richtung haben soll, bei dem die aktiven und interpretirenden Kräfte unterbunden sein sollen, fehlen sollen, durch die doch Sehen erst ein Etwas-Sehen wird, hier wird also immer ein Widersinn und Unbegriff von Auge verlangt. Es giebt *nur* ein perspektivisches Sehen, *nur* ein perspektivisches «Erkennen»; und *je mehr* Affekte wir über eine Sache zu Worte kommen lassen, *je mehr* Augen, verschiedne Augen wir uns für dieselbe Sache einzusetzen wissen, um so vollständiger wird unser «Begriff» dieser Sache, unsre «Objektivität» sein. Den Willen aber überhaupt eliminiren, die Affekte

95 Vgl. *Kapital* Bd. 3, 828.
96 Vgl. etwa Za *Verwandlungen*.
97 Za *Schatten*.
98 Im Werk allerdings nur in FW 354.

sammt und sonders aushängen, gesetzt, dass wir dies vermöchten: wie? hiesse das nicht den Intellekt *castriren*?...

Wir sehen hier deutlich, dass Nietzsche nicht leugnet, dass es ‹bessere› und ‹schlechtere› Weltzugänge gibt: Es gibt solche, die ein komplexeres und solche, die ein weniger komplexes Bild der Realität vermitteln, ein- und mehrdimensionale. Eine Perspektive, die alles dem Götzen der ‹Nützlichkeit› unterwirft, wäre etwa eine solche.

Wenn Nietzsche die politischen Ideologen seiner Zeit kritisiert, dann also nicht, weil sie sich von der ‹Wahrheit› der klassischen Metaphysik abgewandt hätten, sondern im Gegenteil, weil sie ihr noch zu nahestehen, selbst zu sehr von der Vorstellung getragen sind, dass es ‹ewige Wahrheiten› gebe, die zu verwirklichen die Aufgabe von Politik sei. Das ist in der Tat das einigende Band zwischen Kant, den französischen Revolutionären, Hegel, Marx und sogar Schopenhauer: Dass sie von letztendlich ungeschichtlichen, aus der Erfahrung nicht selbst ableitbaren praktischen und theoretischen Ideen ausgehen, an denen die Welt gemessen wird. Bei Hegel und Marx wird zwar Geschichte und Metaphysik miteinander verflochten, doch es bleibt letztendlich dabei, dass die Geschichte keine Ansammlung kontingenter historischer Fakta ist, sondern ein sinnhaftes Ganzes, in dessen Verlauf sich die praktische wie theoretische Wahrheit immer mehr enthüllt und realisiert. Und, wie eingangs erwähnt, sind es konservative und reaktionäre Politiken genauso, die auf dem Glauben an solche ‹Gewissheiten› gründen.

Wie gesagt fürchtet aber Nietzsche auch den völligen Verlust jeder Wahrheit und mithin jeder Orientierung – einen Zustand, den er als «Nihilismus» beschreibt – einen Begriff, den er nicht erfand, aber wesentlich prägte.[99] Diese Problematik ist Kernthema von einem von Nietzsches wohl bekanntesten Texten, der Fabel vom «tollen Menschen» aus der *Fröhlichen Wissenschaft*:

Habt ihr nicht von jenem tollen Menschen gehört, der am hellen Vormittage eine Laterne anzündete, auf den Markt lief und unaufhörlich schrie: «Ich suche Gott! Ich suche Gott!» – Da dort gerade Viele von Denen zusammen standen, welche nicht an Gott glaubten, so erregte er ein grosses Gelächter. Ist er

99 Nietzsche übernimmt den Begriff 1880 vom russischen Schriftsteller Iwan Turgenjew (1883–1883) (vgl. Gerard Visser, *Nihilismus).* Er wird in dieser Zeit u. a. auch, unabhängig von Nietzsche, von Bismarck verwendet (vgl. Theodor Schieder, *Nietzsche und Bismarck*).

denn verloren gegangen? sagte der Eine. Hat er sich verlaufen wie ein Kind? sagte der Andere. Oder hält er sich versteckt? Fürchtet er sich vor uns? Ist er zu Schiff gegangen? ausgewandert? – so schrieen und lachten sie durcheinander. Der tolle Mensch sprang mitten unter sie und durchbohrte sie mit seinen Blicken. «Wohin ist Gott? rief er, ich will es euch sagen! *Wir haben ihn getödtet*, – ihr und ich! Wir Alle sind seine Mörder! Aber wie haben wir diess gemacht? Wie vermochten wir das Meer auszutrinken? Wer gab uns den Schwamm, um den ganzen Horizont wegzuwischen? Was thaten wir, als wir diese Erde von ihrer Sonne losketteten? Wohin bewegt sie sich nun? Wohin bewegen wir uns? Fort von allen Sonnen? Stürzen wir nicht fortwährend? Und rückwärts, seitwärts, vorwärts, nach allen Seiten? Giebt es noch ein Oben und ein Unten? Irren wir nicht wie durch ein unendliches Nichts? Haucht uns nicht der leere Raum an? Ist es nicht kälter geworden? Kommt nicht immerfort die Nacht und mehr Nacht? Müssen nicht Laternen am Vormittage angezündet werden? Hören wir noch Nichts von dem Lärm der Todtengräber, welche Gott begraben? Riechen wir noch Nichts von der göttlichen Verwesung? – auch Götter verwesen! Gott ist todt! Gott bleibt todt! Und wir haben ihn getödtet! Wie trösten wir uns, die Mörder aller Mörder? Das Heiligste und Mächtigste, was die Welt bisher besass, es ist unter unseren Messern verblutet, – wer wischt diess Blut von uns ab? Mit welchem Wasser könnten wir uns reinigen? Welche Sühnfeiern, welche heiligen Spiele werden wir erfinden müssen? Ist nicht die Grösse dieser That zu gross für uns? Müssen wir nicht selber zu Göttern werden, um nur ihrer würdig zu erscheinen? Es gab nie eine grössere That, – und wer nur immer nach uns geboren wird, gehört um dieser That willen in eine höhere Geschichte, als alle Geschichte bisher war!» – Hier schwieg der tolle Mensch und sah wieder seine Zuhörer an: auch sie schwiegen und blickten befremdet auf ihn. Endlich warf er seine Laterne auf den Boden, dass sie in Stücke sprang und erlosch. «Ich komme zu früh, sagte er dann, ich bin noch nicht an der Zeit. Diess ungeheure Ereigniss ist noch unterwegs und wandert, – es ist noch nicht bis zu den Ohren der Menschen gedrungen. Blitz und Donner brauchen Zeit, das Licht der Gestirne braucht Zeit, Thaten brauchen Zeit, auch nachdem sie gethan sind, um gesehen und gehört zu werden. Diese That ist ihnen immer noch ferner, als die fernsten Gestirne, – *und doch haben sie dieselbe gethan!*» – Man erzählt noch, dass der tolle Mensch des selbigen Tages in verschiedene Kirchen eingedrungen sei und darin sein Requiem aeternam deo angestimmt habe. Hinausgeführt und zur Rede gesetzt, habe er immer nur diess entgegnet: «Was sind denn diese Kirchen noch, wenn sie nicht die Grüfte und Grabmäler Gottes sind?» –[100]

Nietzsche diagnostiziert hier den Nihilismus zunächst und beschreibt ihn nicht als freudiges Ereignis, sondern als Gefahr – als Gefahr zumal, die umso gefährlicher ist, da sie nicht als solche erkannt wird. Kennzeichen der modernen, kapitalistischen Gesellschaft ist das, was man als ‹Entwerthung aller Werthe› beschreiben könnte.[101] Alle Dinge werden tendenziell auf ihren ökonomischen Nutzen hin reduziert, wer sich ernsthaft auf andere Werte und Wahrheiten bezieht, wird für verrückt erklärt. (Man erinnere sich an die zitierte Passage zum «letzten Menschen» aus *Also sprach Zarathustra*.) Und trotzdem tut man so, als würde es noch ‹echte Werte› geben. Auf diese Heuchelei macht Nietzsche hier aufmerksam.

Mit diesem Werteverfall kann man nun konservativ umgehen und ihn betrauern – doch man kann ihn auch, mit Nietzsche, als einmalige Chance betrachten, neue Werte und Wahrheiten jenseits des ökonomischen Nutzenkalküls zu stiften:

Das grösste neuere Ereigniss, – dass «Gott todt ist», dass der Glaube an den christlichen Gott unglaubwürdig geworden ist – beginnt bereits seine ersten Schatten über Europa zu werfen. Für die Wenigen wenigstens, deren Augen, deren *Argwohn* in den Augen stark und fein genug für dies Schauspiel ist, scheint eben irgend eine Sonne untergegangen, irgend ein altes tiefes Vertrauen in Zweifel umgedreht: ihnen muss unsre alte Welt täglich abendlicher, misstrauischer, fremder, «älter» scheinen. In der Hauptsache aber darf man sagen: das Ereigniss selbst ist viel zu gross, zu fern, zu abseits vom Fassungsvermögen Vieler, als dass auch nur seine Kunde schon *angelangt* heissen dürfte; geschweige denn, dass Viele bereits wüssten, was eigentlich sich damit begeben hat – und was Alles, nachdem dieser Glaube untergraben ist, nunmehr einfallen muss, weil es auf ihm gebaut, an ihn gelehnt, in ihn hineingewachsen war:

---

100 125.

101 Nietzsche bezeichnet etwa in einem Nachlassfragment die «Entwerthung der bisherigen Werthe» als Ursache des «europäische[n] Nihilismus» (NF 1885 2[131]).

zum Beispiel unsre ganze europäische Moral. Diese lange Fülle und Folge von Abbruch, Zerstörung, Untergang, Umsturz, die nun bevorsteht: wer erriethe heute schon genug davon, um den Lehrer und Vorausverkünder dieser ungeheuren Logik von Schrecken abgeben zu müssen, den Propheten einer Verdüsterung und Sonnenfinsterniss, deren Gleichen es wahrscheinlich noch nicht auf Erden gegeben hat? … Selbst wir geborenen Räthselrather, die wir gleichsam auf den Bergen warten, zwischen Heute und Morgen hingestellt und in den Widerspruch zwischen Heute und Morgen hineingespannt, wir Erstlinge und Frühgeburten des kommenden Jahrhunderts, denen eigentlich die Schatten, welche Europa alsbald einwickeln müssen, jetzt schon zu Gesicht gekommen sein *sollten*: woran liegt es doch, dass selbst wir ohne rechte Theilnahme für diese Verdüsterung, vor Allem ohne Sorge und Furcht für uns ihrem Heraufkommen entgegensehn? Stehen wir vielleicht zu sehr noch unter den nächsten Folgen dieses Ereignisses – und diese nächsten Folgen, seine Folgen für *uns* sind, umgekehrt als man vielleicht erwarten könnte, durchaus nicht traurig und verdüsternd, vielmehr wie eine neue schwer zu beschreibende Art von Licht, Glück, Erleichterung, Erheiterung, Ermuthigung, Morgenröthe… In der That, wir Philosophen und «freien Geister» fühlen uns bei der Nachricht, dass der «alte Gott todt» ist, wie von einer neuen Morgenröthe angestrahlt; unser Herz strömt dabei über von Dankbarkeit, Erstaunen, Ahnung, Erwartung, – endlich erscheint uns der Horizont wieder frei, gesetzt selbst, dass er nicht hell ist, endlich dürfen unsre Schiffe wieder auslaufen, auf jede Gefahr hin auslaufen, jedes Wagniss des Erkennenden ist wieder erlaubt, das Meer, *unser* Meer liegt wieder offen da, vielleicht gab es noch niemals ein so «offnes Meer». –[102]

Es gibt Nietzsche zufolge also keinen Grund, den ‹Tod Gottes› zu betrauern – vielmehr sollte man ihn forcieren und sich an die Stiftung neuer Sinnsysteme auf der Basis eines nicht mehr von metaphysischen «Schatten» getrübten Blicks machen. Dass dieses Spiel erst richtig beginnen kann, sobald die Menschheit nicht mehr den Zwängen des Kapitalismus und seiner ‹Wahrheit› unterliegt, thematisiert Nietzsche nicht – doch ließe sie sich mit seinem Ansatz leicht verknüpfen.

---

102 FW 343.

c) *Nietzsches Stil*

Seine mit einem radikalen Realismus verbundene Wahrheitskritik führt Nietzsche nun schlussendlich zu einem ganz neuen, mit ihr untrennbar verbundenen Stil des Denkens und vor allem des Schreibens. Er hat Formen wie den philosophischen Essay, den Aphorismus, die Sentenz, das philosophische Gedicht oder die prophetische Lehrrede (um nur die wichtigsten zu nennen, derer sich Nietzsche bedient), nicht erfunden. Es gibt etwa eine lange Tradition des aphoristischen Schreibens von Heraklit über die französischen Moralisten der Aufklärungszeit[103] bis hin zu Georg Christoph Lichtenberg (1742–1799) und Schopenhauer (Vorläufer, die Nietzsche dezidiert anerkennt) und auch Philosophen wie Hegel und Marx haben hin und wieder Aphorismen, Sentenzen und Gedichte geschrieben. Das Ideal des philosophischen Schreibens blieb jedoch das systematische Großwerk, das seinen Gegenstand (idealerweise: die Welt in ihrer Gesamtheit), erschöpfend in logisch stringenter Form abhandelt. Die Aphorismen, Essays etc. blieben Beiwerk oder gänzlich unveröffentlicht. Nietzsche kehrt diese Wertung um. Er philosophiert *nur noch* in fragmentarischen Kleinformen. «Ich misstraue allen Systematikern und gehe ihnen aus dem Weg. Der Wille zum System ist ein Mangel an Rechtschaffenheit», schreibt er in der *Götzen-Dämmerung*[104].

Er gibt diesen Formen zugleich eine neue Wendung, insofern er sie nicht mehr primär zum Aussprechen pointierter Thesen benutzt, sondern sie – mit zunehmendem Alter mehr und mehr – so formuliert, dass sie These und Antithese zugleich beinhalten, Paradoxie und Rätsel sind. Sie sollen so dem vieldeutigen, widersprüchlichen Charakter der nicht in starre logische Formen zu bringenden Welt einen realistischen Ausdruck verleihen. Ein gutes Beispiel ist eine Sentenz, in der Nietzsche genau dieses Programm ‹begründet›: «‹Alle Wahrheit ist einfach.› – Ist das nicht zwiefach eine Lüge? –»[105] Dass alle Wahrheiten einfach und klar

---

103 Der Ausdruck ‹Moralist› bezeichnet dabei die Fokussierung auf ethische Fragen, nicht so sehr eine ‹moralistische› Grundhaltung. Als Vorläufer der Moralisten gilt der auch von Nietzsche geschätzte Michel de Montaigne, der als der Erfinder des Essays gilt. In Aphorismen schrieben von ihnen u. a. François de la Rochefoucauld, Jean de la Bruyere und Joseph Joubert.

104 *Sprüche* 26.

105 GD *Sprüche* 4.

sein müssen, ist ein altes Grunddiktum der Philosophie – das sichtlich davon abstrahiert, dass es sich in der Wirklichkeit vielleicht schlicht komplex verhält. Insofern handelt es sich bei diesem Satz, in Nietzsches Sinn, um eine «Lüge». Doch wie ist das «zwiefach» zu verstehen? Ist Nietzsche vielleicht der Ansicht, dass es manche Wahrheiten gibt, die einfach sind, manche nicht? Zu behaupten, dass *alle* Wahrheit kompliziert ist, wäre ja schließlich auch noch eine recht einfache Behauptung. Oder ist es vielleicht schon eine «Lüge» überhaupt von «Wahrheit» zu sprechen? Muss Nietzsche den zweiten Satz des Aphorismus daher als Fragesatz und kann ihn nicht als Aussage formulieren? Fragen, die sichtlich absichtlich offen bleiben und eine eigenartige Spannung erzeugen, die typisch für zahlreiche Texte Nietzsches ist.

Wenn sich die Fragmente nicht ineinander widersprechen, dann häufig untereinander. Ihr Verhältnis ist jedenfalls nicht mehr klar – und Nietzsche bemüht sich um diese Klarheit auch sichtlich nicht. Und trotzdem finden sich immer wieder Leitmotive und ‹rote Fäden›, die sich doch irgendwie als ‹philosophische Thesen Nietzsches› herausdestillieren lassen. Nietzsche schreibt komplex, aber er schreibt auch nicht beliebig.

3. «Werde, der Du bist»: Nietzsche als Denker der individuellen Befreiung

Es geht Nietzsche jedoch nie um die Dekonstruktion metaphysischer Systeme und das Entwickeln neuer, nicht-metaphysischer Konzepte als Selbstzweck. Dieser Drang ist stets rückgebunden an einen ethischen Kern, der sich als ‹Ethik der individuellen Befreiung› bezeichnen lässt. ‹Befreiung› ist dabei wiederum negativ *und* positiv zu nehmen: Als Befreiung *von* metaphysischen Denkweisen, Verhaltensregeln und sogar falschen, unauthentischen Gefühlen und Bedürfnissen, die einem fremd erscheinen – und als Befreiung *zu* neuen Konzepten, Verhaltensmaßstäben, Gefühlen und Bedürfnissen, die zu einem passen, die angemessen reflektieren, wer man selbst ist. Nietzsches Ethik der individuellen Befreiung ist also zugleich eine Ethik der Authentizität.

Dieser Gedanke, dass letztendlich alle Welterkenntnis sinnlos ist, wenn sie nicht an eine Suche nicht nur abstrakter Selbsterkenntnis, sondern einer wirklichen Einsicht in das Wesen des *eigenen* Selbst rückgekoppelt ist, durchzieht Nietzsches Werk von der ersten bis zur letzten Zeile. Die Selbstwerdung ist etwa das zentrale Thema der dritten *Unzeitgemäßen Betrachtung, Schopenhauer als Erzieher*[106] und selbst Nietzsches ‹sozialtheoretischster› Text, *Zur Genealogie der Moral*, ist seiner *Vorrede* (1) gemäß als Beitrag zur Selbsterkenntnis konzipiert. Nietzsche kritisiert, dass sich der Mensch in der Moral selbst zerteile, «nicht als individuum, sondern als dividuum»[107] behandle und dass man meint, man könne eine für alle Menschen gleiche Diät entwickeln.[108] In *Ecce homo* hält er den Werten der «‹Entpersönlichung› und ‹Nächstenliebe›»[109] die Tugend der «*strengen* Selbstsucht» entgegen und im *Zarathustra* heißt es demgemäß: «Dass *euer* Selbst in der Handlung sei, wie die Mutter im Kinde ist: das sei mir *euer* Wort von Tugend!»[110] Dies alles kulminiert in der Formel «Werde, der du bist!»[111], die Nietzsche vom antiken Dichter Pindar übernimmt[112] und die auch den Untertitel von *Ecce homo*, «Wie man wird, was man ist», bildet.

Man kann all diesen Stellen entnehmen, wie Nietzsche eben *nicht* gelesen werden will: Als metaphysischer Prediger, der eine für alle Menschen gleichermaßen gültige Erfahrung artikuliert und auf dieser Grundlage allgemeine Verhaltensregeln postulieren könnte. Es gibt unzählige Stellen, wie etwa die bereits zitierte über die ‹Wahrheit› seiner Aussagen über die ‹Weiber›, in denen Nietzsche den *subjektiven* Charakter auch der eigenen Schriften betont.[113]

Natürlich: Wenn Nietzsche nicht an eine gewisse Allgemeingültigkeit der eigenen Schriften glauben würde, dann hätte er sie nicht veröffentlicht. Und *Also sprach Zarathustra* trägt ja den Untertitel «Ein Buch für Alle und Keinen» und es ist dort davon die Rede, dass sich die Menschheit unter *einem* Ziel sammeln soll. Doch *letztendlich* will Nietzsche den Leser dazu anregen, der *eigenen* Intuition zu Vertrauen und selbst ihm nicht zu fol-

---

106 Vgl. dazu James Conant, *Perfektionismus & Perspektivismus*, 53–178, wo der Autor insbesondere den antielitären, demokratischen Zug von Nietzsches Ethik der Selbstwerdung betont.

107 AM I 57.

108 GD *Irrtümer* 1.

109 *Schicksal* 7.

110 *Von den Tugendhaften*.

111 Za *Honigopfer*.

112 Vgl. Bf. v. 10.6.1882 an Lou Andreas-Salomé, Nr. 239.

113 Vgl. etwa auch GT *Versuch* 2.

gen. Am Ende des ersten Buches des *Zarathustra* schickt der titelgebende ‹Prophet› seine Jünger fort mit den Worten: «Nun heisse ich euch, mich verlieren und euch finden»[114], und in einem Gedicht heißt es:

Es lockt dich meine Art und Sprach,
Du folgest mir, du gehst mir nach?
Geh nur dir selber treulich nach: –
So folgst du mir – gemach! gemach![115]

Authentizität ist dabei wohlgemerkt als unabschließbarer Prozess und nicht als klar zu fixierender Zustand zu beschreiben; als Selbst*werden* und nicht als -sein. Ein klar bestimmbares ‹Ich› zu statuieren jenseits der stets fluiden Selbsterfahrung würde ja wiederum auf eine Form der Metaphysik hinauslaufen.[116] Von Beginn an ist Selbstwerdung bei Nietzsche als schmerzhafte Selbsterfahrung konzipiert in Konfrontation mit der Wirklichkeit.

Nietzsches Ethik der Selbstwerdung hat dabei nicht zuletzt eine klar politische Dimension. Nimmt man den Untertitel des *Zarathustra* als Maßstab, dann gilt sie für *alle* und wäre somit eindeutig links. Mehr noch: Mit dem Zusatz «und Keinem» betont Nietzsche zugleich, dass niemand je völlig er selbst sein kann, dass es in jedem Menschen einen irreduziblen Rest an Nichtidentität gibt, den alle allgemeinen Moralen, selbst seine Ethik der Selbstwerdung, notwendig verfehlen. Ein ‹Über-Universalismus› also, universalistischer noch als der gängige, insofern er zugleich ein ‹Über-Partikularismus› ist.

Es gibt jedoch auch genug Stellen, wo davon die Rede ist, dass Nietzsches Individualismus einer der *wenigsten* ist, eine letztendlich aristokratische Konzeption. «Dies Buch gehört den Wenigsten»[117], beginnt etwa *Der Antichrist*: «Der Rest ist bloss die Menschheit. – Man muss der Menschheit überlegen sein durch Kraft, durch *Höhe* der Seele, – durch Verachtung...» (Ebd.) Die «Wenigsten» werden in dem Buch später mit schwärmenden Rekurs auf das altindische Kastenwesen, wie es im Buch des Manu beschrieben ist, als die «oberste Kaste» (57) charakterisiert, die zum Herrschen geboren und der die Ausbildung eines festen, eigenen Selbst durch eine harte Aske-

---

114 *Von der schenkenden Tugend* 3.
115 FW *Vorspiel* 7.
116 Vgl. etwa JGB 16.
117 *Vorwort*.

se vorbehalten sei. Ihr stellt Nietzsche im selben Abschnitt die tumbe Masse der «Mittelmässigen» gegenüber, die von Natur aus zur Unauthentizität berufen sei:

> Dass man ein öffentlicher Nutzen ist, ein Rad, eine Funktion, dazu giebt es eine Naturbestimmung: *nicht* die Gesellschaft, die Art *Glück*, deren die Allermeisten bloss fähig sind, macht aus ihnen intelligente Maschinen. Für den Mittelmässigen ist mittelmässig sein ein Glück; die Meisterschaft in Einem, die Spezialität ein natürlicher Instinkt.

Diese Mittelmäßigen sind in gewisser Weise ‹authentisch unauthentisch›: Sie verwirklichen sich selbst gerade dadurch, dass sie sich entpersönlichen. In einem wirklich freiheitlichen Sinne verwirklichen sich freilich auch die Obersten nicht selbst: «[I]hre Lust ist die Selbstbezwingung». Nietzsches Ethik der Selbstwerdung lässt sich mithin genau im Sinne einer solchen asketischen Selbstkultivierung verstehen, einer Ethik der «Härte gegen sich selbst und Andre». Konsequenterweise kritisiert er in diesem Abschnitt auch den Anarchismus: «Der Anarchist und der Christ sind Einer Herkunft…» Der moderne Glaube an die Gleichheit aller Menschen sei gerade eine christliche Form der Selbstentfremdung, insofern er die natürlichen Differenzen zwischen den Menschen verwische.

Entsprechend dieses elitären Individualismus schwärmt Nietzsche in seinem gesamten Werk unablässig von ‹großen Einzelnen› wie Bismarck, Goethe oder Napoleon, aber etwa auch Spinoza (und natürlich sich selbst!), die der tumben Masse der Mediokren von Natur aus überlegen gewesen seien und als einsame Genies die Weltgeschichte bestimmt hätten.[118] Und das, obwohl Nietzsche den Glauben an ‹geniale› «Geister übermenschlichen Ursprungs» an anderer Stelle sehr skeptisch beurteilt und eine allenfalls relative Berechtigung als große Handlungen motivierende Illusion zuspricht (was sicher keine falsche Überlegung ist).[119] Von diesem Genie- bis zu einem faschistischen Führerkult ist es sichtlich nur ein winziger Schritt.

Allerdings verknüpft Nietzsche selbst diesen Aristokratismus eigener Art – der freilich stets mit einer tiefen Verachtung gegenüber den realexistierenden Aristokratien seiner Zeit verknüpft ist – mit einer interessanten, geradezu anarchistischen

118 Vgl. etwa sehr deutlich GD *Streifzüge* 44.

119 Vgl. MA I 164.

Vision einer egalitären Konsensdemokratie. In einem Nachlassfragment schreibt er über die Polen (denen er sich – fälschlicher- aber auch interessanterweise – selbst zurechnet):

> Die Polen galten mir als die begabtesten und ritterlichsten unter den slavischen Völkern; und die Begabung der Slaven schien mir höher als die der Deutschen, ja ich meinte wohl, die Deutschen seien erst durch eine starke Mischung mit slavischem Blute in die Reihe der begabten Nationen eingerückt. Es that mir wohl, an das Recht des polnischen Edelmanns zu denken, mit seinem einfachen Veto den Beschluß einer Versammlung umzuwerfen; und der Pole Copernikus schien mir von diesem Rechte gegen den Beschluß und den Augenschein aller andern Menschen eben nur den größten und würdigsten Gebrauch gemacht zu haben. Die politische Unbändigkeit und Schwäche der Polen, ebenso wie ihre Ausschweifung waren mir eher Zeugnisse für ihre Begabung als gegen dieselbe.[120]

Die Polen werden hier also geradezu als ‹Volk von Individualisten› charakterisiert und ihre politische Schwäche wird zu einem Beweis ihres heroischen Eigensinns umgewertet. Freilich nimmt Nietzsche von seiner hier als politischem Ideal konzipierten Vision einer Konsensdemokratie die Unterschicht dezidiert aus – doch man muss wissen, dass dem polnischen Kleinadel, der Szlachta, etwa 8–15 % der Bevölkerung angehören.[121]

4. «Am Leitfaden des Leibes»: Nietzsche und die Befreiung der Sinne

Wenn nun Nietzsche nach einem Gegenbegriff zur Metaphysik und zum von der Metaphysik vorgegebenen unhistorischem, starrem Selbst sucht, dann sind es vor allem Begriffe wie ‹Leben› und ‹Leib›, die er ins Spiel bringt. Während die Metaphy-

---

120 NF 1882 21[2].

121 Vgl. den Eintrag zur Szlachta auf Wikipedia. Zu berücksichtigen gilt es, dass die polnische Konsensdemokratie in ihrer konkreten Umsetzung zu einer höchst schädlichen Lähmung und Korruption der polnischen Gesellschaft führte. Sie diente insbesondere dem Hochadel und ausländischen Mächten dazu, ihre Interessen gegen den Mehrheitswillen durchzusetzen. Die polnische Adelsrepublik ist somit ein Musterbeispiel für eine Verfassung, die zwar auf dem Papier gut klingt, in ihrer konkreten Anwendung aufgrund der real vorhandenen sozialen Interessensgegensätze jedoch höchst fragwürdig ist.

sik mit Krankheit, dem Tod, dem Nichts und der Leere assoziiert wird, ist es das Leben und seine Vielfalt, die Nietzsche aus den Fängen der Metaphysik zu befreien gedenkt. Insbesondere unterdrückt sieht er durch die Metaphysik den Leib. Er geht dabei sogar so weit, die Unterdrückung der Sexualität, vor allem auch, wie erwähnt, der weiblichen, zu kritisieren.[122] Er will Philosophie nicht als «Selbstbespiegelung des Geistes» betreiben, sondern «am Leitfaden des Leibes»[123]. Seine Vision vom «Übermenschen» koppelt er dezidiert an eine Ethik der ‹Treue zur Erde›:

> Der Übermensch ist der Sinn der Erde. Euer Wille sage: der Übermensch *sei* der Sinn der Erde! Ich beschwöre euch, meine Brüder, *bleibt der Erde treu* und glaubt Denen nicht, welche euch von überirdischen Hoffnungen reden! Giftmischer sind es, ob sie es wissen oder nicht. Verächter des Lebens sind es, Absterbende und selber Vergiftete, deren die Erde müde ist: so mögen sie dahinfahren! Einst war der Frevel an Gott der grösste Frevel, aber Gott starb, und damit starben auch diese Frevelhaften. An der Erde zu freveln ist jetzt das Furchtbarste und die Eingeweide des Unerforschlichen höher zu achten, als den Sinn der Erde! Einst blickte die Seele verächtlich auf den Leib: und damals war diese Verachtung das Höchste: – sie wollte ihn mager, grässlich, verhungert. So dachte sie ihm und der Erde zu entschlüpfen.[124]

Freilich gilt auch hier, dass Nietzsche nicht einfach für eine ungehemmte Entfesselung der unmittelbaren Impulse des Leibes plädiert. Vielmehr vertritt er eine Ethik der individuellen Selbstkultivierung des Leibes als notwendigem Bestandteil der Selbstwerdung. Als Leitmetapher einer zu erlernenden befreiten, leibesnahen Welthaltung dient ihm dabei immer wieder der Tanz. «Ich würde nur an einen Gott glauben, der zu tanzen verstünde»[125], sagt Zarathustra. «Man kann [...] das Tanzen in jeder Form nicht von der *vornehmen Erziehung* abrechnen»[126], heißt es an anderer Stelle – und dort heißt es auch, dass das Denken «*als* eine Art Tanzen» aufgefasst werden müsse.

---

122 Auf Nietzsches Verhältnis zur Sexualität werden wir noch eingehend im Kapitel zur Psychoanalyse zu sprechen kommen.

123 NF 1884 26[374].

124 Za *Vorrede* 3.

125 Za *Lesen und Schreiben*.

126 GD *Deutschen* 7.

Viele haben vor Nietzsche eine ‹Befreiung des Leibes› propagiert, allen voran etwa Ludwig Feuerbach (1804–1872), dessen Schriften Nietzsche kannte und von dem er ganz offensichtlich viel übernimmt. (Schopenhauer war einer der ersten, die den Leib ins Zentrum der philosophischen Reflexion stellten, ohne damit freilich eine Ethik seiner Befreiung zu verbinden, im Gegenteil predigte er die Askese.) Doch was ihn – ganz dezidiert[127] – von jenen Vordenkern unterscheidet, ist seine Behauptung, dass der Leib durchaus ‹böse› ist. Nietzsche sieht den Menschen als gefährliches, von Natur aus grausames und aggressives Raubtier, das durch den Firnis der Zivilisation nur mühsam im Zaum gehalten wird. Sein Argument, warum es ihn trotzdem zu befreien gelte, ist, dass ihn die zivilisatorische Zähmung krank mache: Insbesondere zwinge sie ihn, seine Aggressionstriebe gegen sich selbst zu richten und sich so selbst zu martern. Daraus erklärt Nietzsche die Entstehung des «schlechten Gewissens».[128]

Man sieht hieraus, dass Nietzsche mit Begriffen wie ‹Leib› und ‹Leben› keinesfalls nur das subjektive Leibempfinden oder das Lebensgefühl im Sinn hat: Er interessiert sich durchaus auch für die objektive Seite dieser Begriffe und nimmt die unterschiedlichen Wissenschaften, allen voran Biologie und Medizin, zur Hilfe, um sie definieren zu können. Mitunter klingt es so, als würde Nietzsche davon ausgehen, dass man mit Hilfe dieser Wissenschaften eine positiv bestimmbare ‹objektive› Ethik definieren und entsprechende Gesellschaftsentwürfe ableiten könnte. Das ist umso problematischer, wenn er im selben Atemzug von der Existenz klarer biologischer Unterschiede zwischen einzelnen Menschengruppen auszugehen scheint (Geschlechter, Rassen, Völker und auch Klassen). Nietzsche ließ sich hier sichtlich vom Geist seiner Zeit infizieren.

Was also auf den ersten Blick sympathisch und mit linken Vorstellungen durchaus sehr gut vereinbar klingt, entpuppt sich schnell als höchst problematisch. Denn wenn der Mensch von Natur aus vielleicht nicht vollkommen verkommen ist, wenn es in ihm aber doch eine Seite gibt, die höchst grausam und aggressiv ist: Wie lassen sich linke Gesellschaftsutopien dann noch auf nichtrepressivem Wege realisieren? Und wie verhält sich die biologische Ungleichheit der Menschen zur geforderten Gleichheit? Ist es nicht etwa ungerecht, wenn sich von Na-

127 Vgl. etwa GD *Streifzüge* 48.
128 Vgl. GM II 22.

tur aus starke und gesunde Menschen die ganze Zeit nur um die Schwachen und Kranken kümmern müssen? Wäre es nicht besser, wenn sie stattdessen Zeit zur individuellen Selbstsorge hätten?

5. Unter dem Seziermesser: Nietzsche als Psychologe und Sozialtheoretiker

Nietzsche bezeichnet sich selbst oftmals nicht als Philosoph, sondern als Psychologe. Hierzu muss man wissen, dass es die Psychologie im heutigen Sinne zu Nietzsches Zeiten noch kaum gab. Es gab einerseits die metaphysische Spekulation über die Seele und ihre Bestandteile, andererseits die psychiatrische Erfassung des Seelenlebens. Nietzsche gehört zu den Begründern einer Betrachtungsweise der menschlichen Psyche, die sich zwischen beiden Polen bewegt und von kulturellen Beobachtungen und Selbstbeobachtungen ausgeht. Die Psychologie ist bei ihm somit nie klar geschieden von dem, was man als seine ‹Sozialtheorie› bezeichnen könnte.

a) Das Grundproblem der negativen Anthropologie

Sein Kernproblem als Psychologe wie auch als Sozialtheoretiker ist die Entkräftigung des offensichtlichsten Einwands gegen seine erwähnte negative Anthropologie: Wenn der Mensch ein von Natur aus ‹böses›, a- und antisoziales Wesen ist: Wieso gibt es dann überhaupt Gesellschaften? Und wieso gibt es Emotionen wie Mitleid, Solidarität und Nächstenliebe, die doch klar zu belegen scheinen, dass der Mensch jedenfalls nicht *nur* das wilde Raubtier ist, von dem Nietzsche oft spricht?

Nietzsche hat auf diesen Einwand keine eindeutige Antwort. Eine naheliegende wäre ja, schlicht von zwei Seiten der menschlichen Natur auszugehen, die miteinander im Kampf stehen – und ab und an vertritt Nietzsche auch genau das, wenn er etwa von «den höchsten und stärksten Trieben» «wie Unternehmungslust, Tollkühnheit, Rachsucht, Verschlagenheit, Raubgier, Herrschsucht» spricht, die dem «Heerden-Instinkt» in jedem Einzelnen entgegengesetzt seien.[129] Doch Nietzsche ist wesentlich faszinierter von der genauen Umkehrung der unter linken Theoretikern weit verbreiteten Vorstellung, dass der Mensch von Natur aus ‹gut› gewesen sei und erst von der Gesellschaft zum Raubtier verdorben worden wäre: Im Gegenteil sei der Mensch ursprünglich ein asoziales Raubtier und die unnatürliche Verderbnis bestehe genau in seiner Zähmung. Emotionen wie die genannten werden von Nietzsche in diesem Sinne als unauthentische, künstliche und geheuchelte Emotionen angesehen, die nur eine sublime Grausamkeit maskieren: Der Bemitleidende fühlt sich dem Bemitleideten als überlegen und setzt sich ihm gegenüber in die Position des Mächtigeren, hält ihn in Abhängigkeit und verachtet ihn in Wahrheit – und ebenso ist das Mitleid für den Bemitleideten ein Mittel, den Starken zum Schwachsein zu zwingen.[130] Man darf bei solchen Stellen nie vergessen, dass Nietzsche als chronisch kranker Mensch ja selbst wusste, wie sadistisch Mitleid manchmal in der Tat sein kann. Es wird bei ihm freilich in einer Schärfe als dekadente Emotion verunglimpft, die die wenigsten seiner linken Interpreten zu teilen bereit sind. «Mitleid soll Sünde für dich sein!», heißt es in der *Fröhlichen Wissenschaft*[131]. Im selben Abschnitt heißt es freilich auch: «Der fernsten Welt gehört dein Schein». Nicht zuletzt lehnt Nietzsche, wie etwa Adorno und Horkheimer betonen, das Mitleid deshalb ab, weil es eine «kleine Freude»[132] bereitet und damit das wahre, utopische Glück verrät.

Auf der sozialtheoretischen Ebene hat Nietzsche sichtlich dasselbe Problem wie liberale Vertragstheoretiker wie Thomas Hobbes und John Locke, die von einem wilden Urzustand ausgehen, der jedoch durch rationale Übereinkunft überwunden werde, da jeder sehe, dass er letztendlich davon profitiere, wenn nicht mehr das Faustrecht herrsche, sondern das Gewaltmonopol des Staats. Gegen diese – hier sehr holzschnitthaft dargestellten – Vorstellungen, die offensichtlich den primären Zweck haben, nicht so sehr zu erklären, warum es den Staat gibt, sondern seine Existenz zu *rechtfertigen*, wurden einige Einwände erhoben. Insbesondere, dass es unplausibel sei, dass eine Horde wilder Barbaren auf die Idee kommt, plötzlich einen

129 Vgl. JGB 201.
130 Vgl. etwa MA I 50, M 135 & FW 14.
131 *Vorspiel* 63.
132 GM III 18.

Staat zu gründen; dieser Impuls muss schon in ihnen angelegt gewesen sein. Also war der ‹Urzustand› gar nicht so asozial?

Nietzsche löst dieses Problem so auf, dass er davon ausgeht, dass der wilde Urzustand der Menschen durch bloße Gewalt überwunden wurde: Der Staat sei einfach dadurch entstanden, dass eine Gruppe von Urmenschen die anderen unterworfen und sie zum Zustand des Friedens gezwungen habe. Die Moral sei letztendlich nichts weiter als die Verinnerlichung dieses äußeren Zwanges durch Abrichtung. In der Verinnerlichung dieses Zwangs – darin besteht die Grundlegung der Subjektivierung, erst durch sie wird die ‹Bestie› Mensch zu einer Person, die ‹Ich› sagen kann.[133]

b) *Individualismus vs. Sozialpsychologie des Selbst*

Wir sehen schon, dass zwischen diesem Nietzsche und demjenigen der vorherigen Aspekte ein gewaltiger Gegensatz besteht: Während es Nietzsche als Theoretiker der individuellen Befreiung darum geht, die einzelnen in ihrer Selbstwerdung zu bestärken, geht er als Sozialtheoretiker und Psychologe davon aus, dass es sich bei jenem ‹Selbst› um eine bloße Konstruktion handelt, die noch dazu mit Unterdrückung und sogar dem Christentum untrennbar verbunden ist. Man kann diese beiden Aspekte durchaus vermitteln: Vielleicht müssen wir die Selbstwerdung so weit treiben, uns noch von der vorgegebenen Form eines metaphysischen Selbst zu befreien? «Entpersönlichung» (oder auch «Entselbstung»[134]) freilich ist bei Nietzsche dezidiert ein *kritischer* Begriff, der wiederum eng mit seiner Moralkritik verbunden ist: Wenn Nietzsche beispielsweise vom «dividuum» spricht, dann will er damit *kritisch* darauf hinweisen, dass die Moral den Menschen erst zum «dividuum» macht; an der Vorstellung einer wahren Individualität, die jener Dividualität entgegensteht, hält er fest. Aber ist das eben nicht eine moralische Idee, die letztendlich – wie Nietzsche ja selbst schreibt – auf das Christentum zurückgeht? Wenn, wie wir sehen werden, die Interpretationen in diesem Punkt weit auseinandergehen, dann liegt das daran, dass Nietzsche in diesem Punkt selbst uneindeutig, wenn nicht gar widersprüchlich, ist.

---

133 Vgl. zu dieser Erzählung GM I & II. Zu Nietzsches Kritik der Vertragstheorie vgl. speziell GM II 17.

134 JGB 207.

Diesen Widerspruch reflektiert Nietzsche durchaus auch selbst – wenn er vom «dividuum» spricht, dann meint er damit nicht zuletzt ja, dass das Selbst der Moral selbst eine widersprüchliche Konfiguration ist. Auf der Basis des bisher Gesagten lässt sich dieser Widerspruch leicht erklären: Mit der Zähmung der ‹Bestie Mensch› verschwindet ihre ursprüngliche Grausamkeit nicht einfach. Sie bleibt erhalten und ihre Verinnerlichung ist kein geradlinig verlaufender Prozess. Es kommt vielmehr bei dieser ungeheuren «Selbstvergewaltigung»[135] zu Pathologien aller Art. Das vorhandene tierische Potential des Menschen bricht sich immer wieder die Bahn – und gerade, weil es kulturell unterdrückt wird und nicht sublimiert werden kann, sind diese Ausbrüche, so jedenfalls Nietzsche, oft viel schrecklicher als die unschuldige Grausamkeit des vormoralischen Menschen. Eine pessimistische Sichtweise auf den Zivilisationsprozess, die angesichts der Schoah – wie auch viele Links–Nietzscheaner, wie wir noch sehen werden, klar erkannten – geradezu ‹verifiziert› worden ist: Sicher haben die ersten Menschen unglaubliche Grausamkeiten verübt – doch stellt das industrielle Massenmorden nicht selbst die schrecklichsten Gräuel der Vorzeit in den Schatten? Was haben uns 5.000 Jahre Zivilisation gebracht? – Eine Frage, die Nietzsche bereits vor der Schoah in einer davor unbekannten Radikalität in die Welt hinausschrie: «Die Erde war zu lange schon ein Irrenhaus!»[136]

c) *Nietzsches Kritik des Christentums*

Man müsste freilich genauer sagen: 2.000 Jahre, denn Nietzsche unterscheidet – zumindest in seinen überwiegenden Äußerungen (im Grunde muss man diesen Zusatz immer machen, wenn man über ‹Nietzsches Thesen› spricht) – recht klar zwischen der vorchristlichen und der christlichen Zivilisation. Die vorchristliche verherrlicht er an zahlreichen Stellen geradezu: Sie sei der urmenschlichen Unschuld noch nahe gewesen, in ihr habe es noch eine lebensnahe Moral gegeben, in der Kampf, Grausamkeit, Sexualität etc. noch nicht verdammt, sondern geheiligt worden seien als Bestandteile des Lebens. Nietzsche widerspricht damit nicht nur der gängigen christlichen Geschichtsschreibung, sondern auch der klassizistischen Verherrlichung

135 Vgl. Anm. I, 48.
136 GM II 22.

der Antike: Diese haben mit ihrem gereinigten, verklärten Bild von der antiken Kultur deren eigentlichen Witz nicht verstanden, sondern sie ‹christianisiert›. Athen und Rom seien der Inbegriff zivilisatorischer Größe nicht trotz, sondern wegen all der Grausamkeiten, die in ihrem Namen begangen worden seien.[137] Die Griechen und Römer waren selbst Barbaren und das spiegele sich auch in ihrer Kultur wider – es ist eine barbarische Vergötzung des «Willens zur Macht», die Nietzsche feiert:

> Griechen! Römer! Die Vornehmheit des Instinkts, der Geschmack, die methodische Forschung, das Genie der Organisation und Verwaltung, der Glaube, der Wille zur Menschen-Zukunft, das grosse Ja zu allen Dingen als imperium Romanum sichtbar, für alle Sinne sichtbar, der grosse Stil nicht mehr bloss Kunst, sondern Realität, Wahrheit, *Leben* geworden...[138]

Links-Nietzscheanern gefällt all das weniger, doch Nietzsches Gesamtentwurf lässt sich kaum hinreichend würdigen ohne seine Begeisterung für jene Epoche. Nietzsche lässt offen, ob er sich nicht am Ende einfach eine Rückkehr zu jener alten Größe unter modernen Bedingungen wünscht[139] – und wenn dem so ist, dann muss man zugestehen, dass genau dies ja das Programm des italienischen, deutschen und sogar japanischen Faschismus gewesen ist: Eine Renaissance der Antike nicht im Sinne des Klassizismus und der bürgerlichen Verklärung der attischen und römischen Republik, sondern im Sinne eines neuen Cäsarismus. Man kann freilich argumentieren, dass Nietzsches nie relativierte Begeisterung für die Antike so verstanden werden muss, dass er der heutigen Gesellschaft die Antike *polemisch* gegenüberhält: Nicht in dem Sinne, dass er sie ernsthaft wiederherstellen möchte, sondern einfach nur um die gegenwärtig herrschenden Werte zu relativieren und so ihrer Umwertung den Weg zu bereiten – was nicht unbedingt heißen muss, wieder ganz offen, und nicht mit heuchlerischen Phrasen von Menschenrechten veredelt wie in der liberalen Republik, Menschen zu versklaven, Frauen zu entrechten, grundlose Eroberungskriege zu führen, ganze Völker auszurotten etc., sondern etwas anderes. Dann wäre allerdings offen, welche Alternative zu den bestehenden Werten Nietzsche genau im Sinn hat: Außer Chiffren wie derje-

137 Vgl. etwa GD *Alten* 3 & 4.
138 AC 59.
139 Vgl. GM I 16.

nigen vom «Übermenschen», der Bejahung der «ewigen Wiederkunft» oder der «schenkenden Tugend» macht er dazu nur wenige Angaben. Doch das spricht ja nicht gegen, sondern für Nietzsche: Er will die Zukunft des Menschen *öffnen* und nicht verschließen durch die Verkündigung irgendwelcher fixen Moralsysteme. Angesichts seines Individualismus und seiner Freigeistigkeit scheint Nietzsches Sache unterm Strich ein «In-Eins-Verwachsen des antiken und des modernen Geistes»[140], wie er es in der Renaissance-Zeit erblickt, zu sein.

Wie man auch immer Nietzsches Äußerungen zur vorchristlichen Welt verstehen mag: Weitgehend einig ist sich der Autor des Buches *Antichrist. Fluch auf das Christenthum* darin, dass das Christentum und die auf ihm aufbauende moderne Moral Krankheiten sind, von denen es die Menschheit zu kurieren gilt. Spätestens mit dem Christentum – auch der Zoroastrismus, der Buddhismus, das Judentum, der Platonismus sind bereits Vorstufen jener Krankheit, doch während sie noch relativ harmlos seien, sei das Christentum eine ernstzunehmende Zersetzung des gesamten Organismus, das «bisher das grösste Unglück der Menschheit»[141], «de[r] Eine[] unsterbliche[] Schandfleck der Menschheit»[142] – beginne eine lange Phase der Degeneration, die, nur von kurzen Lichtblicken wie der Renaissance und der Herrschaft Napoleons (man muss hier fast ergänzen: ja, das schreibt Nietzsche wirklich und zwar nicht nur an wenigen entlegenen Stellen, sondern immer wieder – seine Verehrung Napoleons ist ebenso unerschütterlich wie diejenige, die er den alten Griechen zukommen lässt; und auch hier gilt: er meint *nicht* den aufklärerischen Napoleon, wenn er ihn vergötzt[143]) abgesehen, bis heute anhalte und mit der Französischen Revolution ihren vorläufigen Höhepunkt erreicht habe[144]. Während alle möglichen Philosophen behaupten, dass das Problem der modernen Lebenswelt *zu wenig* Moral sei und *zu wenig* Christentum, sagt Nietzsche: Nein, wir haben *viel zu viel* davon. Selbst noch unsere Atheisten sind in Wahrheit fromm geblieben. (Wir werden noch sehen, warum genau.)

---

140 MA I 237.
141 AC 51.
142 AC 62.
143 Vgl. sehr deutlich FW 362.
144 Vgl. GM I 16.

d) *Ressentiment vs. Herrenmoral*

Nietzsche bringt die Sklavenmoral auf die Formel des *Ressentiments*. Er meint damit – das ist ein oft übersehener Punkt – etwas wesentlich Anderes als das, was darunter im Deutschen gemeinhin verstanden wird, also irrationale Vorurteile. *Das* Ressentiment ist bei ihm, einem anderen französischen Bedeutungsaspekts des Wortes, ‹ein Groll auf jemanden›, entsprechend, vielmehr ein tiefgreifender Widerwille gegen das Faktische, der «Geist der Rache»[145], in dem sich die verdrängten Aggressionstriebe die Bahn brächen. Während die vorchristliche «Herren-Moral»[146] «Ja» gesagt habe zum Leben in seiner ganzen Vielfalt – weil sie von Menschen entwickelt wurde, die ihre Triebe nicht unterdrücken mussten; sie hatten genug Sklaven (und man muss gerade hier wohl hinzufügen: nicht zuletzt Sklav*innen*), an denen sie sie ausleben konnten –, sage das Christentum in aller Entschiedenheit «Nein». Es sei die «Umwertung aller Werte» der Herrenmoral: Aus Neid und Rache entwickelten die Sklaven eine Weltanschauung, die der exakte Gegenentwurf zu derjenigen ihrer Herren sei. Sie seien darum nicht wirklich kreativ, sondern nur reaktiv, sie setzten den Herren nichts Eigenes entgegen, sondern verneinten und zerstörten nur. Kurz gesagt: Die Sklaven bewerteten alles als schlecht, was die Herren gut fänden. Ihre ‹Innovation› sei freilich, dass sie den Herren ein schlechtes Gewissen gemacht und sich selbst moralisch aufgewertet hätten: Sie hätten zu diesem Zweck den freien Willen erfunden. Die Fiktion vom freien Willen lasse die Sklaven glauben, dass sie nicht einfach zufällig Sklaven geworden seien; Sklave zu sein sei vielmehr Ausdruck einer inneren moralischen Güte. Umgekehrt seien die Herren nicht einfach faktisch überlegen, sie seien auch *böse*. Stärke, Schönheit, Klugheit, Lust, Weisheit, Kunst: Alles ‹weltliche› sei von nun an mit Schuld behaftet. Man sieht, dass es Nietzsche nicht einfach um die Hochkultur geht: Er macht sich wirklich Sorgen darum, dass die Kultur *als Ganze* bedroht ist, sollte der Geist des Ressentiments weiterhin die Welt regieren.[147]

Es ist nicht gerade einfach, mit diesen Gedanken aus linksnietzscheanischer Sicht umzugehen, denn offensichtlich trifft

145 Za *Erlösung*.
146 JGB 260.
147 Zur Geschichte der Sklavenmoral als Ressentiment vgl. v. a. GM I.

Nietzsche mit ihnen etwas. Was das Christentum angeht, ist es geradezu Nietzsches Verdienst – ähnlich wie hinsichtlich der vorchristlichen Antike – auf Offensichtliches aufmerksam gemacht zu haben, das – aus ebenso offensichtlichen Gründen – verschwiegen worden ist: Dass die ersten Christen nicht einfach nur wollten, dass sich alle ein bisschen mehr lieb haben und an einen weltabgewandten Gott glauben, sondern, dass der ideologische Kern des Christentum eine viel radikalere Infragestellung des ‹gesunden Menschenverstands› ist. Es gibt mittlerweile nur noch wenige Theologen, die Nietzsche auf der deskriptiven Ebene attackieren: Die verbreitetste Strategie ist es, Nietzsche in dieser Hinsicht mehr oder weniger Recht zu geben und eben nur die Wertungsvorzeichen zu vertauschen. Diese ‹Umwertung› ist einfacher, als es auf den ersten Blick scheinen mag, denn auch Nietzsche gesteht zu, dass man die Dinge 1) auch anders sehen kann (wenn man einen entsprechenden Hass auf das Leben hat – doch er sagt ja selbst, dass die Sklaven gute Gründe für diesen Hass haben[148]) und dass man 2) auch anerkennen muss, dass das Christentum das Ressentiment der Sklaven immerhin veredelt, sublimiert und dadurch einen in gewisser Weise auch anerkennenswerten Beitrag zur Kultur geleistet habe. Zweiter Aspekt klingt bei Nietzsche jedenfalls in seinen gemäßigteren Stunden an, wenn er etwa schreibt (diese Stelle verdeutlicht zudem sehr gut, inwiefern Nietzsche ein Denker der *Selbstaufhebung* ist):

> Wir sind, mit Einem Worte – und es soll unser Ehrenwort sein! – *gute Europäer*, die Erben Europa's, die reichen, überhäuften, aber auch überreich verpflichteten Erben von Jahrtausenden des europäischen Geistes: als solche auch dem Christenthum entwachsen und abhold, und gerade, weil wir *aus* ihm gewachsen sind, weil unsre Vorfahren Christen von rücksichtsloser Rechtschaffenheit des Christenthums waren, die ihrem Glauben willig Gut und Blut, Stand und Vaterland zum Opfer gebracht haben.[149]

Nietzsche sieht zudem das Problem vom ‹Ressentiment gegen das Ressentiment›. Ist es nicht selbst Ressentiment, gegen das Ressentiment einen tiefen, gekränkten Hass zu empfinden? Und wäre dann der ‹Herrenaufstand› im Grunde nur eine bloße

148 «[D]ie Unzufriedenheit des Sklaven mit seinem Loos ist jedenfalls *nicht* von den Priestern *erfunden* worden.» (GM III 18)

149 FW 377.

Reaktion gegen den Sklavenaufstand, die mit denselben Problemen behaftet ist? Manchmal hat man bei der Lektüre von Nietzsches Texten (vor allem dem *Antichrist*) tatsächlich den Eindruck, als sei seine wutschnaubende Anklage gegen die moderne Zivilisation geradezu eine exakte Spiegelung dessen, was er den Christen im Verhältnis zum Römischen Reich unterstellt. Es gibt eine Rede im *Zarathustra*, wo Nietzsche sich freilich genau von einer solchen Haltung abgrenzt. In *Vom Vorübergehen* begegnet Zarathustra einem Narren, der haargenau dieselbe Modernekritik vorbringt, die man anderswo auch aus Zarathustras und auch Nietzsches Mund vernimmt. Zarathustra unterbricht jedoch seine wütende Polemik mit den Worten:

> Höre endlich auf! [...] mich ekelt lange schon deiner Rede und deiner Art! Warum wohntest du so lange am Sumpfe, dass du selber zum Frosch und zur Kröte werden musstest? Fliesst dir nicht selber nun ein faulichtes schaumichtes Sumpf-Blut durch die Adern, dass du also quaken und lästern lerntest? Warum giengst du nicht in den Wald? Oder pflügtest die Erde? Ist das Meer nicht voll von grünen Eilanden? Ich verachte dein Verachten; und wenn du mich warntest, – warum warntest du dich nicht selber? Aus der Liebe allein soll mir mein Verachten und mein warnender Vogel auffliegen: aber nicht aus dem Sumpfe! – [...] Was war es denn, was dich zuerst grunzen machte? Dass Niemand dir genug *geschmeichelt* hat: – darum setztest du dich hin zu diesem Unrathe, dass du Grund hättest viel zu grunzen, – – dass du Grund hättest zu vieler *Rache*! Rache nämlich, du eitler Narr, ist all dein Schäumen, ich errieth dich wohl! Aber dein Narren-Wort thut *mir* Schaden, selbst, wo du Recht hast! Und wenn Zarathustra's Wort sogar hundert Mal Recht *hätte*: *du* würdest mit meinem Wort immer – Unrecht *thun*! [...] Mich ekelt auch dieser grossen Stadt und nicht nur dieses Narren. Hier und dort ist Nichts zu bessern, Nichts zu bösern. Wehe dieser grossen Stadt! – Und ich wollte, ich sähe schon die Feuersäule, in der sie verbrannt wird! Denn solche Feuersäulen müssen dem grossen Mittage vorangehn. Doch diess hat seine Zeit und sein eigenes Schicksal. – Diese Lehre aber gebe ich dir, du Narr, zum Abschiede: wo man nicht mehr lieben kann, da soll man – *vorübergehn*!

Auch Zarathustra hasst also die «grosse Stadt» als Sinnbild der modernen Zivilisation. Doch er verachtet zugleich eine rein verneinende, nicht von einer grundsätzlich bejahenden, herrenmoralischen Haltung getragene Kritik an ihr, die letztendlich nur auf gekränkter Eitelkeit basiert. Damit beschreibt er auch eine reale Gefahr einer linken Gesellschaftskritik: die reaktionäre Kritik des enttäuschten Karrieristen, der nur allzu schnell bereit ist, zu den Faschisten überzulaufen. Doch wie gesagt: Man hat den Eindruck, dass hier Nietzsche sich durchaus auch selbst kritisiert und eine eigene Gefahr beschreibt. Vielleicht muss er diese Selbstkritik gerade darum Zarathustra in den Mund legen – vielleicht ist jener «Narr» nicht zuletzt er selbst?[150]

Die Stelle entbirgt einen weiteren zentralen Aspekt von Nietzsches psychologischer Perspektive. Was ihn an sprachlichen Äußerungen wie der Hassrede des Narren interessiert, ist nicht so sehr ihr Inhalt oder ihr Wahrheitswert wie in der üblichen philosophischen Diskussion, sondern gerade das, was in dieser meist strikt ausgeklammert wird: der Ton, in dem sie vorgetragen werden, und der Habitus, von dem dieser Ton zeugt. Eine Aussage mag vollkommen richtig sein auf der sachlichen Ebene – sie wird trotzdem falsch, wenn sie in einem falschen Ton vorgetragen wird. Jede Philosophie müsse demnach als «Selbstbekenntnis ihres Urhebers»[151] verstanden werden, ihre großen Systeme seien nichts weiter als der Einschüchterung dienende Maskierungen,[152] hinter denen sich im Grunde ganz triviale Grunderfahrungen verbergen würden: «Grad und Art der Geschlechtlichkeit eines Menschen reicht bis in den letzten Gipfel seines Geistes hinauf.»[153] Diese ideologiekritische Perspektive ist die vielleicht grundsätzlichste Herausforderung, mit der Nietzsche die Philosophie konfrontiert und die sie bis heute kaum zureichend berücksichtigt. Es ist angesichts dieser Fixierung auf die *Person* eines Philosophen kein Wunder, dass Nietzsche wie kein zweiter Philosoph unter dieser Perspektive betrachtet worden ist. Was sind die Grunderfahrungen, die sich hinter der Maske von Nietzsches Texten verbergen? Ihr Witz besteht vielleicht gerade darin, dass Nietzsche tatsächlich ein ganz anderes Schreiben als die traditionellen Philosophen praktiziert, insofern er den Leser – gerade durch die Provokation der Aporie und des Zweifels – tatsächlich nicht zu irgendwelchen

150 Nietzsche bezeichnet sich auch an anderer Stelle selbst als «Narr», am prominentesten in dem Gedicht *Nur Narr! Nur Dichter!* in den Dionysos-Dithyramben.

151 JGB 6.

152 Vgl. JGB 5.

153 JGB 75.

allgemeinverbindlichen Wahrheiten, sondern dazu verführen will, seine je eigenen zu finden.

Das eigentliche Problem von Nietzsches Ressentiment-Kritik ist freilich der zweite Schritt Nietzsches, die Engführung von demjenigen, was er als «moderne Ideen» bezeichnet – und womit er insbesondere die realexistierenden linken Bewegungen seiner Zeit im Auge hat – und dem Christentum. In der Theologie ist es eine inzwischen übliche Strategie, auch diesen zweiten Schritt Nietzsches mehr oder weniger offen mitzugehen und im Sinne des Christentums umzudeuten: Wir können die «modernen Ideen» nicht ohne das Christentum haben, christlich und modern zu sein sei kein Widerspruch, es bedinge sich geradezu. Nietzsche selbst ahnte, dass seine radikale Moralkritik der Moral zuarbeiten könnte.[154]

Für Linke mit einem säkularen Selbstverständnis ist der Umgang mit Nietzsche schwieriger. Auch Marx und Engels sahen die offensichtlichen Parallelen zwischen Urchristentum und Sozialismus.[155] Und ist es nicht wirklich so, dass die linken Bewegungen oft von Neid und Rachsucht getrieben sind und rein negativ bleiben; in ihrer Kritik an den bestehenden Verhältnissen vielleicht zu weit gehen und etwa den Konflikt *schlechthin*, die Sexualität *schlechthin* oder den Wettbewerb *schlechthin* angreifen, wo eigentlich eine vorsichtigere Kritik angebracht wäre? Und zeigt sich nicht immer, sobald Linke an der Macht sind und Realpolitik betreiben müssen, ihr wahres Gesicht – dass sie eben auch nicht besser sind als diejenigen, die sie kritisieren, und sogar schlimmer, weil sie meinen, quasi automatisch auf der moralisch richtigen Seite zu stehen?

e) Der «Wille zur Macht»

Das unbestrittene und von linken Theoretikern oft aufgegriffene Verdienst Nietzsches als Sozialtheoretiker ist es freilich, die grundlegende Bedeutung erkannt zu haben, die Machtverhältnisse auf allen Ebenen der menschlichen Kultur spielen. Er prägt dabei im Spätwerk den Begriff des «Willens zur Macht» als Grundlage allen Lebens: «Leben selbst ist Wille zur Macht»[156].

154 Ein Aspekt, auf den wir im Kapitel zu Laruelle noch detailliert eingehen werden.

155 Vgl. etwa Engels, *Zur Geschichte des Urchristentums*.

156 JGB 13.

Zeitweise spielte er sogar mit dem Gedanken, eine Art ‹systematisches Hauptwerk› mit dem Titel *Der Wille zur Macht* zu verfassen – ein aufgegebenes Experiment, das freilich rezeptionsgeschichtlich von kaum zu unterschätzender Bedeutung ist, veröffentlichte seine Schwester doch ein vermeintliches ‹Werk Nietzsches› unter eben jenem Titel. – Eine Affäre, auf deren Details wir noch zu sprechen kommen werden.

Die Systematisierung dieses Gedankens dürfte nicht zuletzt daran gescheitert sein, dass dieser Begriff – wie alle Kernbegriffe Nietzsches – einigermaßen schillernd ist. Er setzt ihn vor allem ein, um gegen die Vorstellung zu argumentieren, das Leben sei wesentlich von einem Selbsterhaltungstrieb bestimmt. Nietzsche geht vielmehr davon aus, dass es, wie ja auch seine Lehre vom «Übermenschen» andeutet, etwas in jedem Lebewesen, ja sogar: jedem Ding, gibt, das sich selbst steigern will, das auf seine eigene Selbstaufhebung hinarbeitet.[157] In *Zur Genealogie der Moral* setzt Nietzsche den «Willen zur Macht» mit dem schöpferischen «Instinkt der Freiheit» gleich, der allen großen Werken des Menschen, inklusive des Staats, zu Grunde liege.[158] Falsch ist es jedenfalls, den «Willen zur Macht» im Sinne einer bloßen Machtausübung über andere Menschen misszuverstehen – dies wäre bei Nietzsche ja «kleine Politik», keine wirklich aktive, schöpferische Machtausübung. Und doch betont er stets die Gewaltsamkeit und Grausamkeit des Willens zur Macht, spricht etwa von der «formbildende[n] und vergewaltigende[n] Natur dieser Kraft» (ebd.) und schreibt:

> Sich gegenseitig der Verletzung, der Gewalt, der Ausbeutung enthalten, seinen Willen dem des Andern gleich setzen: dies kann in einem gewissen groben Sinne zwischen Individuen zur guten Sitte werden, wenn die Bedingungen dazu gegeben sind (nämlich deren thatsächliche Ähnlichkeit in Kraftmengen und Werthmaassen und ihre Zusammengehörigkeit innerhalb Eines Körpers). Sobald man aber dies Princip weiter nehmen wollte und womöglich gar als *Grundprincip der Gesellschaft*, so würde es sich sofort erweisen als Das, was es ist: als Wille zur *Verneinung* des Lebens, als Auflösungs- und Verfalls-Princip. Hier muss man gründlich auf den Grund denken und sich aller empfindsamen Schwächlichkeit erwehren: Leben selbst ist wesentlich Aneignung, Verletzung, Überwältigung des Fremden

157 Vgl. ebd.
158 Vgl. II 18.

und Schwächeren, Unterdrückung, Härte, Aufzwängung eigner Formen, Einverleibung und mindestens, mildestens, Ausbeutung, – aber wozu sollte man immer gerade solche Worte gebrauchen, denen von Alters her eine verleumderische Absicht eingeprägt ist? Auch jener Körper, innerhalb dessen, wie vorher angenommen wurde, die Einzelnen sich als gleich behandeln – es geschieht in jeder gesunden Aristokratie –, muss selber, falls er ein lebendiger und nicht ein absterbender Körper ist, alles Das gegen andre Körper thun, wessen sich die Einzelnen in ihm gegen einander enthalten: er wird der leibhafte Wille zur Macht sein müssen, er wird wachsen, um sich greifen, an sich ziehn, Übergewicht gewinnen wollen, – nicht aus irgend einer Moralität oder Immoralität heraus, sondern weil er *lebt*, und weil Leben eben Wille zur Macht *ist*. In keinem Punkte ist aber das gemeine Bewusstsein der Europäer widerwilliger gegen Belehrung, als hier; man schwärmt jetzt überall, unter wissenschaftlichen Verkleidungen sogar, von kommenden Zuständen der Gesellschaft, denen «der ausbeuterische Charakter» abgehn soll: – das klingt in meinen Ohren, als ob man ein Leben zu erfinden verspräche, welches sich aller organischen Funktionen enthielte. Die «Ausbeutung» gehört nicht einer verderbten oder unvollkommnen und primitiven Gesellschaft an: sie gehört in's *Wesen* des Lebendigen, als organische Grundfunktion, sie ist eine Folge des eigentlichen Willens zur Macht, der eben der Wille des Lebens ist. – Gesetzt, dies ist als Theorie eine Neuerung, – als Realität ist es das *Ur-Faktum* aller Geschichte: man sei doch so weit gegen sich ehrlich![159]

Jedenfalls ermöglicht es Nietzsche die Konstruktion des Willens zur Macht, mit jedwedem Fortschrittsnarrativ radikal zu brechen: An die Stelle eines notwendigen Verlaufs der Geschichte tritt ein kontingentes Machtspiel, in dem zudem Platz für plötzliche, radikale Veränderung ist.

Von philosophischer Relevanz ist vor allem, dass Nietzsche als einer der ersten in aller Deutlichkeit darauf hinwies, dass auch die Sprache nicht einfach ein neutrales ‹Medium der Erkenntnis› ist und auch kein Ergebnis einer kollektiven Anstrengung aller, sondern ein Produkt von Herrschaft: Einerseits der Gewalt der Herren,[160] andererseits des Ressentiments, das als

159 JGB 259.

160 «Das Herrenrecht, Namen zu geben, geht so weit, dass man sich erlauben sollte, den Ursprung der Sprache selbst als Machtäusserung der

Reaktion auf die ursprüngliche Sprachschöpfung der Herren die metaphysische Sprache etabliert. Auch Marx und Engels schrieben: «Die herrschenden Ideen einer Zeit waren stets nur die Ideen der herrschenden Klasse»[161], doch sie zogen daraus nicht derart radikale Konsequenzen wie Nietzsche, insofern sie für ihre eigene Theorie eine ideologiefreie Objektivität beanspruchten. Nietzsche verortet seine eigene Theorie hingegen dezidiert im Kampf um Macht – auf der Seite der lebensbejahenden Herrenmoral gegen die lebensverneinende Sprache der Metaphysik und der auf ihr aufbauenden modernen Wissenschaft.

f) *Zur Kritik der Tauschökonomie*

Auch Nietzsches Sozialtheorie hat dabei eine dezidiert *ökonomische* Dimension. Zu Beginn der zweiten Abhandlung der *Genealogie der Moral* vertritt er die Auffassung, dass die basalste Wurzel des Schuldgefühls ökonomische Tauschverhältnisse seien, die zugleich die Grundlage aller menschlichen Zivilisation seien:

> Das Gefühl der Schuld, der persönlichen Verpflichtung, um den Gang unsrer Untersuchung wieder aufzunehmen, hat, wie wir sahen, seinen Ursprung in dem ältesten und ursprünglichsten Personen-Verhältniss, das es giebt, gehabt, in dem Verhältniss zwischen Käufer und Verkäufer, Gläubiger und Schuldner: hier trat zuerst Person gegen Person, hier mass sich zuerst Person an Person. Man hat keinen noch so niedren Grad von Civilisation aufgefunden, in dem nicht schon Etwas von diesem Verhältnisse bemerkbar würde. Preise machen, Werthe abmessen, Äquivalente ausdenken, tauschen – das hat in einem solchen Maasse das allererste Denken des Menschen präoccupirt, dass es in einem gewissen Sinne das Denken ist: hier ist die älteste Art Scharfsinn herangezüchtet worden, hier möchte ebenfalls der erste Ansatz des menschlichen Stolzes, seines Vorrangs-Gefühls in Hinsicht auf anderes Gethier zu vermuthen sein. Vielleicht drückt noch unser Wort «Mensch» (manas) gerade etwas von *diesem* Selbstgefühl aus: der Mensch bezeichnete sich als das Wesen, welches Werthe misst, werthet und misst, als das «abschätzende Thier an sich». Kauf und Verkauf, sammt ihrem psychologischen Zubehör, sind älter als selbst die Anfän-

Herrschenden zu fassen» (GM I 2).

161 *Manifest,* 480.

> ge irgend welcher gesellschaftlichen Organisationsformen und Verbände: aus der rudimentärsten Form des Personen-Rechts hat sich vielmehr das keimende Gefühl von Tausch, Vertrag, Schuld, Recht, Verpflichtung, Ausgleich erst auf die gröbsten und anfänglichsten Gemeinschafts-Complexe (in deren Verhältniss zu ähnlichen Complexen) *übertragen*, zugleich mit der Gewohnheit, Macht an Macht zu vergleichen, zu messen, zu berechnen.[162]

Nietzsche vertritt hier geradezu einen ‹Ökonomismus›, allerdings sind bei ihm, im Gegensatz zu Marx und Engels, nicht die Produktionsverhältnisse das entscheidende, sondern die Art, wie die produzierten Waren verteilt werden. Bei Marx und Engels ist das Tauschprinzip eine Grundtatsache nur der kapitalistischen, warentauschenden Ökonomie, als utopischen Endzustand beschreiben sie eine Gesellschaft, in der unter der Losung «Jeder nach seinen Fähigkeiten, jedem nach seinen Bedürfnissen» das Äquivalenzprinzip soweit es geht aufgehoben ist.[163] Auch am Anfang der Zivilisation steht bei ihnen dementsprechend nicht eine Gesellschaft tauschender Warenproduzenten, sondern der Urkommunismus, in dem die Distribution der gemeinsam produzierten Güter ohne den Tausch funktionierte.

Auch bei Nietzsche gibt es eine Art Utopie der Aufhebung der Tauschgerechtigkeit, doch sie ist von ganz anderer Art als bei Marx und Engels:

> Die Gerechtigkeit, welche damit anhob «Alles ist abzahlbar, Alles muss abgezahlt werden», endet damit, durch die Finger zu sehn und den Zahlungsunfähigen laufen zu lassen, – sie endet wie jedes gute Ding auf Erden, *sich selbst aufhebend*. Diese Selbstaufhebung der Gerechtigkeit: man weiss, mit welch schönem Namen sie sich nennt – *Gnade*; sie bleibt, wie sich von selbst versteht, das Vorrecht des Mächtigsten, besser noch, sein Jenseits des Rechts.[164]

Damit ist gemeint, dass in einer stabilisierten, mächtigen Gesellschaft das strikte Beharren auf dem Tauschgesetz nicht mehr nötig ist: Es kann ausgesetzt werden, weil der Staat stark genug dazu ist. Wenn man so will, visiert Nietzsche also, jedenfalls an dieser Stelle, selbst eine Art ‹Kommunismus› an, der ganz

162 II 8.
163 Vgl. Marx, *Kritik des Gothaer Programms*, 19–22.
164 II 10.

bewusst als *Staatskommunismus* konzipiert ist. Marx und Engels hingegen gehen zwar auch davon aus, dass es im Kommunismus eine völlige Vergesellschaftung des Einzelnen geben wird, doch konzipieren sie sie nicht als autoritäre: Der Staat soll vielmehr ganz dezidiert absterben nach der proletarischen Revolution.[165]

Aus Marx' und Engels' Perspektive ist also der ‹Ökonom› Nietzsche ganz in bürgerlichen Denkkategorien gefangen: Er blendet die Produktionssphäre aus, setzt den Warentausch und den Staat als Ursprung aller Zivilisation. Für Nietzsche gibt es keinen ‹Urkommunismus›: Die Geschichte beginnt mit der Klassengesellschaft und ihre Aufhebung wäre ihr Ende im negativen Sinne. Wir sehen hier deutlich die Grenzen von Nietzsches ‹Freigeistigkeit›, doch zugleich auch ihre Weite: Wohl kein Philosoph vor ihm, außer eben Marx und Engels, hat so klar erkannt, dass die Ökonomie an der Basis der Zivilisation steht und die Grundlage bildet, auf der sich höhere geistige und sogar psychologische Gebilde überhaupt erst herausbilden. Zahllose Links–Nietzscheaner wie etwa Bataille und Adorno und Horkheimer sollten an diesen Aspekt Nietzsches anknüpfen. Vor allem die «schenkende Tugend» galt dabei als Aspekt im Werk Nietzsches, um Nietzsche gegen Nietzsche selbst zu wenden. Es gibt bei ihm, ähnlich der Gnade, eine höhere Tugend als die Tauschgerechtigkeit, nämlich das Schenken. Diese Stelle ist zentral, weil sie zugleich zeigt, dass Nietzsche seine Ethik der «Selbstsucht» nicht im Sinne eines kleinlichen, mit der Tauschgerechtigkeit ja eng verknüpften Egoismus verstanden wissen möchte:

> Ungemein ist die höchste Tugend und unnützlich, leuchtend ist sie und mild im Glanze: eine schenkende Tugend ist die höchste Tugend. […] Ihr zwingt alle Dinge zu euch und in euch, dass sie aus eurem Borne zurückströmen sollen als die Gaben eurer Liebe. Wahrlich, zum Räuber an allen Werthen muss solche schenkende Liebe werden; aber heil und heilig heisse ich diese Selbstsucht. Eine andre Selbstsucht giebt es, eine allzuarme, eine hungernde, die immer stehlen will, jene Selbstsucht der Kranken, die kranke Selbstsucht. Mit dem Auge des Diebes blickt sie auf alles Glänzende; mit der Gier des Hungers misst sie Den, der reich zu essen hat; und immer schleicht sie um den Tisch der Schenkenden. Krankheit redet aus solcher Be-

165 Vgl. Engels, *Herrn Eugen Dühring's Umwälzung der Wissenschaft*, 262.

gierde und unsichtbare Entartung; von siechem Leibe redet die diebische Gier dieser Selbstsucht. Sagt mir, meine Brüder: was gilt uns als Schlechtes und Schlechtestes? Ist es nicht *Entartung*? – Und auf Entartung rathen wir immer, wo die schenkende Seele fehlt. Aufwärts geht unser Weg, von der Art hinüber zur Über-Art. Aber ein Grauen ist uns der entartende Sinn, welcher spricht: «Alles für mich.» [...] Eure schenkende Liebe und eure Erkenntniss diene dem Sinn der Erde![166]

g) Psycho–sophie

Nietzsches Hauptverdienst besteht freilich darin, wie kein zweiter vor (und wahrscheinlich auch nach) ihm, die Psychologie in die Philosophie eingeführt zu haben. Er betreibt dabei *zugleich* eine Psychologie der Philosophie wie auch eine Philosophie der Psychologie und lässt beide Perspektiven in komplexer Verschränkung nebeneinander her und gegeneinander laufen. Wenn Nietzsche in *Ecce homo* schreibt: «Wer war überhaupt vor mir unter den Philosophen *Psycholog* und nicht vielmehr dessen Gegensatz ‹höherer Schwindler›, ‹Idealist›? Es gab vor mir noch gar keine Psychologie»[167], dann ist das, im oben genannten Sinne, durchaus keine Übertreibung, sondern eine realistische Selbsteinschätzung. Wie dieses Kapitel gezeigt haben sollte, wimmeln Nietzsches Schriften von psychologischen Beobachtungen, die auch von seinen Kritikern oft als äußerst tiefschürfend und genau angesehen werden. Wir haben uns dabei auf einige große, für die links–nietzscheanische Diskussion besonders relevante, Linien beschränkt, doch die interessantesten psychologischen Reflexionen finden sich oft in kleinen, verstreuten Aphorismen, die sich abseits jener Hauptmotive bewegen, ihnen bisweilen sogar zuwiderlaufen. Es sind zugleich oft Lebensweisheiten, nützliche Maximen, die einem in der Tat helfen, manche Zusammenhänge zu verstehen, die einem zuvor nicht klar geworden sind.

Eines der vielleicht besten Beispiele dafür ist folgender Kurzaphorismus aus *Jenseits von Gut und Böse*: «Wer mit Ungeheuern kämpft, mag zusehn, dass er dabei nicht zum Ungeheuer wird. Und wenn du lange genug in einen Abgrund blickst, blickt der Abgrund auch in dich hinein.» (146) Der Aphorismus

166 Za *Von der schenkenden Tugend* 1 & 2.
167 *Schicksal* 6.

berichtet von der vielleicht größten Gefahr eines jeden politischen Aktivisten, aber auch jedes ernsthaften Theoretikers: Sich dem gleich machen, gegen das man kämpft; sich so lange mit den Problemen der Gesellschaft zu befassen, dass sie einen derart affizieren, dass man darüber die Lebensfreude verliert. Die psychologische Dimension des Aphorismus ergibt sich daraus, dass es ja stets *seine* Ungeheuer und *sein* Abgrund sind, mit denen man sich beschäftigt – die Gefahr und wohl Hoffnung besteht vielleicht vor allem darin, dass man irgendwann erkennt, dass das so ist und dass man die ganze Zeit gegen Aspekte der eigenen Persönlichkeit gekämpft hat, gar nicht so sehr gegen einen äußeren Feind. Das sind natürlich Gedanken, die nicht gern gehört werden – doch politische Korrektheit ist gerade die Sache des Psychologen Nietzsche erst recht nicht.

Nietzsches grundsätzliches Verdienst ist es jedenfalls, immer wieder klar herauszuarbeiten, dass es falsch ist, die Dinge so zu betrachten, wie sie sich unserem Bewusstsein unvermittelt darbieten: Wir erkennen sie erst richtig, wenn wir die ihnen zu Grunde liegenden Machtverhältnisse und Triebregungen durchschaut haben – wozu nicht zuletzt unsere *eigenen* Triebe zählen, die uns das Ding erst so oder so erkennen lassen. Nietzsche wurde nicht zuletzt durch diese Einsicht zu einem wichtigen Vordenker der Psychoanalyse. In dem der Psychoanalyse gewidmeten Kapitel werden wir detailliert darauf eingehen, wie sehr die Entwicklung der psychoanalytischen Schulen durch die wiederholte Bezugnahme auf Nietzsche bestimmt war.

6. Wer hat Angst vorm Nihilismus? Nietzsche als Philosoph der Kultur

Die bisher benannten Aspekte sind samt und sonders zentral. Gerahmt werden sie jedoch von demjenigen, was man als Nietzsches ‹große Erzählung› bezeichnen könnte. Erst vor dem Hintergrund dieser Konstruktion – die eine durchaus originelle Leistung Nietzsches ist und wahrscheinlich der Hauptgrund, warum er eigentlich so einflussreich wurde – werden sie in ihrer Radikalität voll und ganz verständlich. Freilich gibt es bei Nietzsche nirgends die *eine* große Erzählung. Es gibt jedoch durchaus einen von den ersten bis zu den letzten Schriften aufrechterhaltenen Grundrahmen, den Nietzsche zwar immer wieder modifiziert und variiert, der jedoch in seinen Eckpfeilern unverändert bleibt: Es handelt sich um seine Kulturkritik der Moderne und seinen Gegenentwurf dazu. Wir haben die Bauteile zu dieser Erzählung schon geliefert, es gilt sie nun, soweit es geht, zu einem Ganzen zusammenzuzimmern.

Das entscheidende Schlagwort ist hierbei dasjenige vom *Nihilismus*: «Was ich erzähle, ist die Geschichte der nächsten zwei Jahrhunderte. Ich beschreibe, was kommt, was nicht mehr anders kommen kann: *die Heraufkunft des Nihilismus.*»[168] Nietzsche verwendet es erst in seinem Spätwerk und er ist, wie bereits angeführt, nicht sein Erfinder, doch er ist derjenige, der es in die philosophische Debatte einführte und *der Sache nach* taucht der Gedanke, dass die moderne Kultur eine zutiefst nihilistische sei, bereits im Frühwerk auf. Nietzsche meint damit, wie gezeigt, nicht nur, dass die Leute keine Werte mehr hätten. Im Gegenteil sieht er in den tradierten christlichen Werten gerade selbst die eigentliche Quelle des Nihilismus – ihnen den letzten Todesstoß zu geben sei ein im Grunde *antinihilistischer* Akt. Auch wenn es konservative Denker gibt, die sich positiv auf Nietzsche beziehen: Mit dem Konservativismus ist seine Philosophie von allen modernen politischen Theorien am schlechtesten zu vereinbaren. Wir werden auch sehen, dass die von uns diskutierten ‹Rechts–Nietzscheaner› sich dezidiert von jedem Konservativismus im gewöhnlichen Sinne des Wortes abgrenzen: Sie wollen vielleicht das Abendland, Deutschland oder sogar das Christentum retten – doch von Nietzsche übernehmen sie alle die Einsicht, dass jene Ideen ganz neu definiert werden müssen, um in irgendeinem Sinne ‹gerettet› werden zu können, dass man als wirklicher Konservativer notwendig zum Revolutionär werden müsse.

Nietzsche geht vielmehr davon aus, dass wir es in der Moderne mit einer zutiefst *lebensfeindlichen* Kultur zu tun haben – insofern das menschliche Leben wesentlich Kultur ist, also mit einer *antikulturellen Kultur.* Das Wort ‹Kultur› übernimmt er ganz bewusst als Metapher aus der Biologie, das lateinische Wort ‹cultura› bezeichnet Bearbeitung, Pflege und Ackerbau. Es meint, wie bereits angedeutet, nicht die ‹Kultur› im umgangssprachlichen Sinne, es meint den gesamten sozialen Lebensprozess, der mittels dieser Redeweise mit einem biologischen Großorganismus verglichen wird, wie einem Wald oder einem

168 NF 1887 11[411].

Garten. Damit diese biologischen Großorganismen funktionieren, bedürfe es eines äußerst fragilen Gleichgewichtszustandes zwischen ihren verschiedenen Bestandteilen. Nietzsche betrachtet Gesellschaften wie ein Gärtner oder ein Landwirt seinen Bearbeitungsgegenstand oder ein Arzt einen kranken Körper und fragt nach den äußeren und inneren Bedingungen seines Erblühens bzw. Niedergangs. Sein explizites Kriterium sind dabei die Werke der Hochkultur als Früchte der kulturellen Anstrengungen: Gerade, um sie zu erhalten, *dürfe* das Kriterium der Beurteilung kultureller Phänomene nicht das Wohlergehen jedes einzelnen sein, sondern es mag notwendig sein, einzelne Triebe verkümmern zu lassen. Nietzsche will keinen Garten des 18. Jahrhunderts, in dem alles Unkraut getilgt und alle Pflanzen strikt geometrisch angeordnet sind; doch er will ebenso keinen verwilderten Garten. Als «Frucht der Früchte» sieht er dabei die Entstehung einer *individualistischen* Kultur an, einer Kultur der ‹großen Einzelnen›.[169]

Gesellschaften mit Organismen zu vergleichen, ist heutzutage in Verruf geraten. Doch was man Nietzsche zu Gute halten muss, ist, dass er gerade *nicht* davon ausgeht, dass das entscheidende Problem von Kulturen äußere Schädlinge oder Feinde sind. Ihn interessieren die *inneren* Bedingungen der Gesundheit des kulturellen Körpers: Er geht sichtlich davon aus, dass nur ein *innerlich* kranker Körper äußeren Feinden zum Opfer fallen könne.

Doch folgt aus dieser Betrachtungsweise nicht, dass die antike Welt gar nicht so toll gewesen sein kann, wie von Nietzsche behauptet? Ging sie nicht genau daran zu Grunde, dass sie systematisch eine riesige Menge an Unzufriedenen heranzüchtete, die sie nicht ideologisch zu integrieren vermochte, da ihre Religion ihnen keinen Trost zu gewähren vermochte? Hier kommen wir nun zu einem der anspruchsvollsten Konzepte Nietzsches, das zugleich sein eigentliches Gegengift gegen den Nihilismus ist: die Lehre von der «ewigen Wiederkunft».

Es ist oft versucht worden, diese Lehre zu entpolitisieren und als Ethik der individuellen Lebensgestaltung darzustellen. Das ist in *Also sprach Zarathustra* durchaus angelegt,[170] doch welche Plausibilität besitzt dieser Gedanke, wörtlich genommen, auf der Ebene des Einzelnen? In welchem Sinne soll es auf der

169 Vgl. FW 23.
170 Vgl. insbesondere *Von Gesicht und Räthsel.*

Ebene des Einzelnen eine «ewige Wiederkunft des Gleichen» geben? Man mag oftmals das Gefühl haben, in immer wiederkehrenden Mustern gefangen zu sein und vielleicht kann der Gedanke der «ewigen Wiederkunft» dabei helfen, damit irgendwie klarzukommen,[171] doch wirklich Sinn ergibt diese Lehre nur, wenn man sie, wie Nietzsche selbst, wesentlich als *geschichtsphilosophische* und sogar *kosmologische* Lehre ansieht. Als Ethik nicht so sehr für den Einzelnen, sondern als Ideologie für gesamte Kulturen oder zumindest diejenigen, die sich als verantwortlich für das Schicksal der Kultur fühlen – und das sind diejenigen, zu denen Nietzsche eigentlich spricht.

Was auf der individuellen Ebene sinnlos ist, ist auf der kosmologischen umso einleuchtender: In einem unendlichen Kosmos ohne Anfang und Ende wird sich zweifellos alles *irgendwann*, wenn nur genügend Zeit vorhanden ist, wiederholen. Im Grunde ist auf dieser Ebene die Lehre von der «ewigen Wiederkunft» fast eine Banalität – sollte man zumindest meinen, einige Physiker scheinen noch immer zu glauben, von einem ‹Beginn des Universums› ausgehen zu müssen.

Interessant wird die Lehre als geschichtsphilosophische Doktrin. Nietzsche ist nicht ihr Urheber: Im vorchristlichen Denken und selbst noch im Buddhismus dominiert die Vorstellung, die Zeit als Kreis zu denken. Die politische Philosophie der Antike ging etwa nicht davon aus, dass es jemals einen perfekten Endzustand geben könne: Vielmehr gebe es einen ewigen Kreislauf der Regierungsformen, ein Auf und Ab von Aufstieg und Niedergang, an dem man grundsätzlich nichts ändern könne. Erst Judentum und vor allem Christentum propagierten die Vorstellung von einem begrüßenswerten ‹Ende der Geschichte›, die – wie etwa Jacob Taubes (1923–1987) nachgewiesen hat (einem von denjenigen linken Theologen, die als ‹Nietzscheaner unter

171 In diesem *psychologischen* Sinne verwendet Sigmund Freud den Ausdruck «beständige Wiederkehr des Gleichen» in seinem Aufsatz *Das Unheimliche* (S. 257). Die zwanghafte Wiederholung immer derselben Muster ist für ihn ein Grundcharakteristikum psychologischer Störungen – in der hier angedeuteten nietzscheanischen Lesart bestünde ihre Auflistung darin, gegen diese Wiederholungen nicht anzukämpfen, sondern sie zunächst einmal als Schicksal zu bejahen, um *dann* vielleicht den ihnen zu Grunde liegenden Traumatisierungen auf den Grund gehen zu können. Vertieft werden wir auf die mannigfaltigen Anleihen Freuds bei Nietzsche, der an dieser Stelle, wie zumeist, ungenannt bleibt, im entsprechenden Kapitel des zweiten Bandes zu sprechen kommen.

umgekehrten Vorzeichen› zu bezeichnen wären) – über mehrere Zwischenschritte vermittelt letztendlich in der modernen Vorstellung von einem diesseitigen, von den Menschen selbst ohne göttliches Eingreifen bewirkten Endzustand der Geschichte kulminieren. Ein Kerngedanke Nietzsches ist es, mit dieser Vorstellung brechen zu wollen; sein großes Verdienst ist es, in dieser Hinsicht das ‹pagane› Denken wieder in die abendländische Philosophie eingeführt zu haben.

Dass die antike Kultur mit Notwendigkeit an ihren eigenen Widersprüchen zu Grunde gehen musste, ist also aus Nietzsches eigener Sicht kein Einwand gegen sie, es ist vielmehr das notwendige Schicksal jeder großen Kultur. Nietzsches Frage ist *nicht*, wie eine kulturelle Blüte von Dauer sein könnte – wie die biologische Blüte kann sie notwendig nur von kurzer Dauer sein.[172] Er folgert daraus zugleich, dass die moderne ‹Sklavengesellschaft› nicht, wie sie selbst von sich behauptet, das Ende der Geschichte sein wird: Den Kampf zwischen Herren- und Sklavenmoral konzipiert er vielmehr als ewigen Kampf, in dem auch immer wieder die Herren obsiegen werden. An zahlreichen Stellen – die wir noch diskutieren werden – geht er davon aus, dass die moderne Gesellschaft zwangsläufige große Einzelne produzieren wird, die die gleichgeschaltete Sklavenherde umso einfacher regieren können werden.

Nietzsche entwickelt somit ein Weltbild, das es erlaubt, auch die ‹negativen› Seiten des Lebens – Krankheit, Tod und Niedergang – noch sinnvoll in das Leben integrieren zu können. Er ist vielleicht der letzte, dem es gelang, ein solches Weltbild noch in einigermaßen glaubwürdiger Weise artikuliert zu haben. «Was mich nicht umbringt, macht mich stärker»[173] – das ist kein zu vernachlässigender Kalenderspruch, sondern in gewisser Weise die Summe von Nietzsches Philosophie: Alles, was nicht derart tödlich ist, dass es einen Organismus einfach *nur* zerstört, stärkt ihn und kann insofern bejaht werden. Es ist klar, dass dieser Gedanke auf der individuellen Ebene eine ungeheure Kraft entfalten kann, um mit negativen, traumatisierenden Erfahrungen umgehen zu können. Immer wieder wird berichtet, wie heilsam

172 Vgl. dazu etwa auch den eben zitierte 23. Aphorismus der *Fröhlichen Wissenschaft*. Nietzsche verwendet für diesen Prozess auch häufig das Bild von «Ebbe und Fluth» (vgl. etwa FW 1) – und dasjenige des Spiels der Wellen (vgl. etwa Za, *Von den Tugendhaften*).

173 GD 8.

die Lektüre des *Zarathustra* sein kann, um persönliche Krisen zu überwinden: Während andere Ideologien dazu aufrufen, die negativen Seiten des Daseins auszublenden oder beiseitezuschieben, lehrt Nietzsches Prophet, sie als notwendige Bestandteile des Lebens anzuerkennen und bejahen zu lernen. Das ist anspruchsvoll, doch es setzt einen durchaus heilsamen Lernprozess in Gang.

Nietzsche vergleicht die moderne Gesellschaft mit einem Zyniker, der von der Realität bitter enttäuscht wurde, sich das jedoch nicht eingestehen kann und dieser Einsicht durch permanente Betäubungsversuche ausweicht. Er soll sich eben klar machen, dass seine Ideale von vorneherein unrealistisch waren und die Enttäuschung notwendig herbeiführen mussten. Wenn er sie schon nicht aufgeben kann, dann soll er sich wesentlich *das* eingestehen und sich nicht darüber hinwegtäuschen: An den Idealen also im Bewusstsein ihres notwendigen Scheiterns festhalten.

In dieser geschichtsphilosophischen Deutung ist dieser Gedanke auch auf der individuellen Ebene zweifellos hilfreich, doch was bedeutet er auf der kollektiven? Nietzsche behauptet, dass die antike Kultur – und darin bestünde ihre eigentliche Größe – eine *tragische* gewesen sei, die wusste, dass sie und alle ihre Ideale zum Untergang verdammt seien und trotzdem nicht in eine nihilistische Lähmung verfallen sei; die vielmehr genau aus diesem Nihilismus ein Mittel der Stärkung gemacht habe. Sie sei also eine Kultur der *bewussten Lüge* gewesen.[174] Die moderne Kultur dagegen sei gerade aufgrund ihrer Verdorbenheit durch das christliche Wahrheitsideal eine, die auf Heuchelei und Unaufrichtigkeit basiere: Sie könne sich ihre eigenen Schattenseiten, ihre eigene Widersprüchlichkeit, ihr notwendiges Scheitern nicht eingestehen, obwohl all das offensichtlich sei – und sei gerade darum zum Scheitern verurteilt. Mit einem Wort: Sie sei eine Kultur systematischer *Unauthentizität*.

Wie erwähnt ist eine andere Formel Nietzsches für die lebensbejahende Haltung diejenige vom «amor fati», die Haltung, dem Notwendigen ins Angesicht zu sehen und es nicht zu verdrängen oder zu beschönigen. Er verbindet damit sogar eine dezidiert utopische, paradoxerweise geradezu eschatologische Dimension:

174 Vgl. etwa M 306.

> Die zukünftige Geschichte: immer mehr wird *dieser* Gedanke siegen – und die nicht daran Glaubenden müssen ihrer Natur nach endlich *aussterben*! Nur wer sein Dasein für ewig wiederholungsfähig hält, bleibt übrig: unter *solchen* aber ist ein Zustand *möglich*, an den noch kein Utopist gereicht hat![175]

Nietzsches Utopie besteht also genau in einer Gesellschaft von Menschen, die an keine Utopie glauben. Dem kann man zweifellos auch eine linke Lesart geben und das ist auch, wie wir sehen werden, getan worden: Die «ewige Wiederkunft» ist nicht so sehr als eine im Hier und Jetzt einzunehmende Haltung zu begreifen, sondern als Anspruch, einen Gesellschaftszustand einzurichten, in dem es authentisch möglich wäre, eine solche Haltung einzunehmen.

Abgelöst von diesem utopischen, eschatologischen Aspekt verkommt die Lehre von der «ewigen Wiederkunft» freilich gerade auch in ihrer geschichtsphilosophischen Lesart schnell zu einer Ersatzreligion[176] – oder zu einer zynischen Haltung des «heroischen Realismus», die, wie wir sehen werden, geradezu konstitutiv für das Weltbild der Neuen Rechten ist. Dementsprechend geraten auch, dazu ebenfalls später mehr, Linke, die diesen Aspekt bei Nietzsche stark betonen, oft in ein rechtes Fahrwasser. Interpreten wie der erwähnte Taubes[177] haben wahrscheinlich Recht: Gerade in Nietzsches Eschatologiekritik liegt ein wesentlich rechtes Moment begründet, woraus sich folgern lässt, dass es kein linkes Projekt ohne eine eschatologische Dimension geben kann – wie ja wiederum auch Nietzsche lehrt. Nietzsche bewahrt allerdings nicht zuletzt in seiner Konzeption des «Übermenschen» selbst ein starkes eschatologisches Motiv auf und im *Zarathustra* ist sogar von «Erlösung» die Rede: «Die Vergangnen zu erlösen und alles ‹Es war› umzuschaffen in ein ‹So wollte ich es!› – das hiesse mir erst Erlösung!»[178] Und es heißt dort weiter: «Höheres als alle Versöhnung muss der Wille wollen, welcher der Wille zur Macht ist». Am Ende dieser Rede wird dieses Erlösungsmotiv wieder etwas relativiert und zurückgenommen, doch es bleibt vorhanden und lässt Nietzsche nie ganz los. Der

175 NF 1881 11[338].

176 Vgl. zu diesem Vorwurf Rehmann, *Postmoderner Links-Nietzscheanismus*, 93. Rehmann gehört, neben Seth Taylor, zu den wenigen, die den Begriff des ‹Links–Nietzscheanismus› in der Debatte verwenden.

177 Vgl. zu Taubes' Nietzsche-Interpretation Sommer, *Eschatologie*.

178 *Erlösung*.

entscheidende Punkt ist, dass ohne ein solches eschatologisches Moment – wie das Denken der Neuen Rechten recht eindeutig zeigt – die Lehre vom «amor fati» ihren Anspruch, radikal antinihilistisch zu sein, gerade verfehlt: Sie verkommt dann zu einem bloßen sich selbst bejahenden Nihilismus, mithin einer kalten Bejahung des Bestehenden. Mit der Bejahung der Sinnlichkeit, der Lebensfreude und der Ausgelassenheit, die Nietzsche an anderer Stelle dem Nihilismus entgegenhält, hat all das dann nicht mehr viel zu tun: Es geht nur noch um Härte. Das steckt alles in Nietzsche – doch wird es dem eigentlichen Gehalt seiner Schriften wirklich gerecht? Es handelt sich jedenfalls um ein wesentliches Kernproblem der Debatten zwischen Links- und Rechts- und auch innerhalb des Links-Nietzscheanismus.

Nietzsches schlussendliche Antwort auf diese Problematik ist wahrscheinlich, dass es beide Momente braucht für ein gelungenes Leben: Die eschatologische Aufheizung wie auch die nihilistische Abkühlung. Das würde freilich bedeuten, die «ewige Wiederkunft» zu retten, indem man sie um ein eschatologisches Moment ergänzt. Wirkliche Eschatologie würde freilich bedeuten, *absolut* an ein Ende der jetzigen und eine künftige Welt nach ihr zu glauben. Das alles wirft die oft diskutierte Frage auf, ob Nietzsche keine wirkliche Alternative zum modernen Nihilismus anzubieten hat, sondern einfach nur eine Vertiefung desselben betreibt.

7. Nietzsche: Ein Meister der Ambivalenz

Wenn Nietzsche eines ist, dann ist er jedenfalls ein Meister der Ambivalenz, der Vieldeutigkeit, der Ambiguität. Man könnte ihn in diesem Sinne als ‹wilden Dialektiker› bezeichnen: Er denkt in Widersprüchen, doch löst er diese nicht, wie Hegel, in einer höheren Einheit auf, sondern lässt sie bewusst stehen. «Glattes Eis / Ein Paradeis / Für Den, der gut zu tanzen weiss», schreibt Nietzsche in *Die fröhliche Wissenschaft* unter der Überschrift *Für Tänzer*[179] und bringt seine Grundhaltung damit recht gut zum Ausdruck.

Ging es bisher darum, die verschiedenen ‹Nietzsches› in ihrer Spannung hervortreten zu lassen und nicht, wie sonst meist üb-

179 FW *Vorspiel* 13.

lich, sie in ein einheitliches Korsett zu zwingen, soll es nun zum Schluss darum gehen, welche Ansätze es in Nietzsches Werk gibt, diese Widersprüche nicht einfach stehenzulassen, sondern zu reflektieren und in irgendeiner Weise produktiv werden zu lassen. Er erreicht mit diesen Modellen nie eine wirkliche Synthese – und will es auch nicht. Die Spannung *soll* vielmehr erhalten bleiben:

> [D]er Kampf gegen Plato, oder, um es verständlicher und für's «Volk» zu sagen, der Kampf gegen den christlich-kirchlichen Druck von Jahrtausenden [...] hat in Europa eine prachtvolle Spannung des Geistes geschaffen, wie sie auf Erden noch nicht da war: mit einem so gespannten Bogen kann man nunmehr nach den fernsten Zielen schiessen. Freilich, der europäische Mensch empfindet diese Spannung als Nothstand; und es ist schon zwei Mal im grossen Stile versucht worden, den Bogen abzuspannen, einmal durch den Jesuitismus, zum zweiten Mal durch die demokratische Aufklärung: – als welche mit Hülfe der Pressfreiheit und des Zeitunglesens es in der That erreichen dürfte, dass der Geist sich selbst nicht mehr so leicht als «Noth» empfindet! [...] Aber wir, die wir weder Jesuiten, noch Demokraten, noch selbst Deutsche genug sind, wir *guten Europäer* und freien, sehr freien Geister – wir haben sie noch, die ganze Noth des Geistes und die ganze Spannung seines Bogens! Und vielleicht auch den Pfeil, die Aufgabe, wer weiss? das Ziel.....[180]

Im *Zarathustra* vergleicht Nietzsche den Menschen mit einem Seil, über das es – einem Seiltänzer, der in der Szene ebenfalls auftritt, gleich –, zu tanzen gelte:

> Der Mensch ist ein Seil, geknüpft zwischen Thier und Übermensch, – ein Seil über einem Abgrunde. Ein gefährliches Hinüber, ein gefährliches Auf-dem-Wege, ein gefährliches Zurückblicken, ein gefährliches Schaudern und Stehenbleiben.[181]

Was auffällt an diesen beiden Metaphern ist, dass in ihnen das Ziel weiterhin eine Rolle spielt: Ohne Ziel bräuchte der Bogen ja gar nicht erst gespannt zu werden und das Seil würde nicht geknüpft. Und auch der Seiltänzer tritt ja nicht einfach nur auf der Stelle, sondern bewegt sich von einem zum anderen Ende des Seils.

---

180 JGB *Vorrede*.
181 *Vorrede* 4.

a) *Apoll // Dionysos*

Schon in seinem ersten, bisher nur kurz angerissenen, für seine Rezeption jedoch ungeheuer bedeutsamen Werk *Die Geburt der Tragödie* entwirft Nietzsche eine ‹seiltänzerische› Konstellation, die für sein späteres Denken wegweisend bleibt. Er geht dort zunächst von einem Antagonismus der beiden Prinzipien des Dionysischen – Dionysos war der griechische Gott der Ausschweifung, aber auch des Theaters – und des Apollonischen – Apoll war der Gott der Vernunft, des Maßes und des Lichtes – aus. Das Dionysische assoziiert Nietzsche mit dem Rausch, das Apollinische mit dem Traum.

Das Entscheidende ist nun, dass aus dem *Zusammenspiel* dieser beiden Prinzipien Nietzsches Ansicht nach die antike Tragödie entstanden ist. Die Erfahrung des Rausches ist eine Tragische, in ihr wird das Scheitern der sozialen Welt mit all ihrer Vernunft, ihren Trennungen, ihrer Subjektivität offenbar. Um sie irgendwie in die soziale Welt reintegrieren und mit ihr umgehen zu können, bedarf sie der künstlerischen Verklärung durch den apollinischen Schein. In der tragischen Kunst kann sich die soziale Welt so mit ihrer eigenen negativen Seite konfrontieren – und sich so von ihr zugleich reinigen.

Die Synthese des Dionysischen und des Apollinischen bleibt dabei freilich fragil. Um nämlich gelungen zu sein, muss das Dionysische letztendlich stets die Übermacht besitzen – was dem apollinischen Impuls nach Ordnung und Reinheit natürlich zuwiderläuft. Die Synthese kann so stets nur eine provisorische, metastabile sein, die auch Nietzsche zufolge nur in den Werken des Aischylos und des Sophokles in einigermaßen zufriedenstellender Form glückt. Schon bei dem dritten der drei großen antiken Dramatiker, Euripides, verselbständigten sich Nietzsches Meinung nach beide Prinzipien: Das Dionysische pervertierte zum seichten Rausch des puren Effekts, dem keine Bedeutung mehr zukommt, das Apollinische zu einem sokratischen Rationalismus, der fortan die gesamte Kultur bestimmen sollte. Erst in Wagners Opern sei wieder etwas von der alten Einheit von Rausch und Form vorhanden – von ihnen ausgehend erhofft sich Nietzsche eine grundlegende Kulturrevolution. Letztere Meinung sollte er schon bald wieder revidieren – und auch das Apollinische spielt in seinen späteren Schriften keine entscheidende Rolle mehr. Auf seine ‹Entdeckung› des Dionysischen sollte Nietzsche jedoch bis zuletzt stolz bleiben und sich als «Jünger des Philosophen Dionysos»[182] bezeichnen.

Angesichts des Themas dieses Buches können wir kaum umhin hervorzuheben, dass Nietzsche in dieser der Ästhetik gewidmeten Schrift an einer Stelle politisch wird:

> Unter dem Zauber des Dionysischen schliesst sich nicht nur der Bund zwischen Mensch und Mensch wieder zusammen: auch die entfremdete, feindliche oder unterjochte Natur feiert wieder ihr Versöhnungsfest mit ihrem verlorenen Sohne, dem Menschen. Freiwillig beut die Erde ihre Gaben, und friedfertig nahen die Raubthiere der Felsen und der Wüste. Mit Blumen und Kränzen ist der Wagen des Dionysus überschüttet: unter seinem Joche schreiten Panther und Tiger. Man verwandele das Beethoven'sche Jubellied der «Freude» in ein Gemälde und bleibe mit seiner Einbildungskraft nicht zurück, wenn die Millionen schauervoll in den Staub sinken: so kann man sich dem Dionysischen nähern. Jetzt ist der Sclave freier Mann, jetzt zerbrechen alle die starren, feindseligen Abgrenzungen, die Noth, Willkür oder «freche Mode» zwischen den Menschen festgesetzt haben. Jetzt, bei dem Evangelium der Weltenharmonie, fühlt sich Jeder mit seinem Nächsten nicht nur vereinigt, versöhnt, verschmolzen, sondern eins, als ob der Schleier der Maja zerrissen wäre und nur noch in Fetzen vor dem geheimnissvollen Ur-Einen herumflattere. Singend und tanzend äussert sich der Mensch als Mitglied einer höheren Gemeinsamkeit: er hat das Gehen und das Sprechen verlernt und ist auf dem Wege, tanzend in die Lüfte emporzufliegen. Aus seinen Gebärden spricht die Verzauberung. Wie jetzt die Thiere reden, und die Erde Milch und Honig giebt, so tönt auch aus ihm etwas Uebernatürliches: als Gott fühlt er sich, er selbst wandelt jetzt so verzückt und erhoben, wie er die Götter im Traume wandeln sah. Der Mensch ist nicht mehr Künstler, er ist Kunstwerk geworden: die Kunstgewalt der ganzen Natur, zur höchsten Wonnebefriedigung des Ur-Einen, offenbart sich hier unter den Schauern des Rausches. Der edelste Thon, der kostbarste Marmor wird hier geknetet und behauen, der Mensch, und zu den Meisselschlägen des dionysischen Weltenkünstlers tönt der eleusinische Mysterienruf: «Ihr stürzt nieder, Millionen? Ahnest du den Schöpfer, Welt?» –[183]

182 EH *Vorwort* 2.
183 1.

Vom Standpunkt der sozialen Ordnung aus betrachtet, ist die Konfrontation mit dem Dionysischen eine trennende Erfahrung, doch primär bezeichnet es eine tiefgreifende Einheitserfahrung. Wahrscheinlich nirgends sonst ist Nietzsche so ‹sozialistisch› wie hier.[184] Die Kunst dient beim frühen Nietzsche natürlich dazu, diese Einheitserfahrung gerade *nicht* politisch oder sonst wie praktisch werden zu lassen, sondern sie vielmehr zu ästhetisieren. Doch sie wird nicht geleugnet und es ist nicht verwunderlich, dasszahlreiche linke Interpreten, wie insbesondere Georges Bataille versuchten, aus Nietzsche eine Art ‹Links-Dionysmus› zu extrahieren. Adorno hingegen las *Die Geburt der Tragödie* eher soziologisch und schreibt in der *Einleitung in die Musiksoziologie*:

> Nietzsche hat bis heute von allen am meisten zur sozialen Erkenntnis der Musik beigetragen: er fand für diese Implikationen Wagners die Worte. Musiksoziologie, die das als bloß spekulativ sich verböte, bliebe so weit unter ihrem Gegenstand wie unter dem Niveau der Nietzschschen Einsicht.[185]

b) Arten der Historie

Eine weitere bemerkenswerte Figur der Synthese, die sehr einflussreich werden sollte, findet sich ebenfalls im Frühwerk und zwar in der zweiten der *Unzeitgemäße Betrachtungen, Vom Nutzen und Nachtheil der Historie für das Leben*. Wie der Titel schon verrät, versucht hier Nietzsche keine einseitige Aburteilung, sondern eine differenzierte Abwägung. Er macht zunächst klar, dass er im historischen Sinn eine grundsätzlich ambivalente Grundtatsache erblickt, die dem Menschen vom Tier unterscheidet: Ambivalent, weil «ein Uebermaass der Historie dem Lebendigen schade» (2). Er hat damit vor allem die positivistische Geschichtswissenschaft – mit einem steten Seitenblick auf Hegels Geschichtsvergötzung – seiner Zeit im Sinn, doch im Grunde handelt es sich um einen Angriff auf die moderne Wissenschaftlichkeit an sich: Nietzsche fragt, welche Art von Wissenschaft dem Leben dienlich, welche Art dem Leben förderlich ist:

---

184 Vgl. dazu Peter Sloterdijk, *Der Denker auf der Bühne,* 60 f. Diese Studie ist eines der besten Bücher, die in den letzten 35 Jahren zu Nietzsche veröffentlicht wurden.

185 365.

> Der historische Sinn, wenn er *ungebändigt* waltet und alle seine Consequenzen zieht, entwurzelt die Zukunft, weil er die Illusionen zerstört und den bestehenden Dingen ihre Atmosphäre nimmt, in der sie allein leben können. Die historische Gerechtigkeit, selbst wenn sie wirklich und in reiner Gesinnung geübt wird, ist deshalb eine schreckliche Tugend, weil sie immer das Lebendige untergräbt und zu Falle bringt: ihr Richten ist immer ein Vernichten. Wenn hinter dem historischen Triebe kein Bautrieb wirkt, wenn nicht zerstört und aufgeräumt wird, damit eine bereits in der Hoffnung lebendige Zukunft auf dem befreiten Boden ihr Haus baue, wenn die Gerechtigkeit allein waltet, dann wird der schaffende Instinct entkräftet und entmuthigt.[186]

Nietzsche spricht der Wissenschaftlichkeit also nicht jedes Recht ab – doch das Übergewicht haben muss stets die unwissenschaftliche Seite im Menschen, die Leidenschaft. Als drei in diesem Sinne lebensbejahende Formen der Historie bezeichnet Nietzsche dabei die monumentalische, die antiquarische und die kritische, die jeweils gleichermaßen ihr jeweiliges Recht hätten:

> Jede der drei Arten von Historie, die es giebt, ist nur gerade auf Einem Boden und unter Einem Klima in ihrem Rechte: auf jedem anderen wächst sie zum verwüstenden Unkraut heran. Wenn der Mensch, der Grosses schaffen will, überhaupt die Vergangenheit braucht, so bemächtigt er sich ihrer vermittelst der monumentalischen Historie; wer dagegen im Gewohnten und Altverehrten beharren mag, pflegt das Vergangene als antiquarischer Historiker; und nur der, dem eine gegenwärtige Noth die Brust beklemmt und der um jeden Preis die Last von sich abwerfen will, hat ein Bedürfniss zur kritischen, das heisst richtenden und verurtheilenden Historie. Von dem gedankenlosen Verpflanzen der Gewächse rührt manches Unheil her: der Kritiker ohne Noth, der Antiquar ohne Pietät, der Kenner des Grossen ohne das Können des Grossen sind solche zum Unkraut aufgeschossene, ihrem natürlichen Mutterboden entfremdete und deshalb entartete Gewächse.[187]

Besonders wirkmächtig war Nietzsches Konzeption der monumentalischen Historie: Er geht davon aus, dass es eine Aufga-

---

186 7.
187 2.

be der Geschichtsdarstellung in diesem Sinne sei, große Helden und Mythen zu schöpfen, um zur Nachahmung anzuregen. Nietzsche sieht dabei das Problem, dass diese Historie zur bloßen Verklärung der Geschichte dienen kann, die gerade nicht mehr zur Nachahmung anspornt, sondern vielmehr die Selbstzufriedenheit fördert. Doch in ihr erblickt er klar einen besonderen Wert und bedient sich einer solchen Heldenverklärung ja selbst immer wieder.

Aber auch die Anerkennung der anderen beiden Typen der Historie ist äußerst bemerkenswert: Die antiquarische Historie sei eine konservative, ehrfürchtige Art der Geschichtsdarstellung, die von einer Liebe zum Gewesenen und dem Wunsch nach seiner Fortsetzung getrieben sei – schlage jedoch in ein selbstzweckhaftes Sammlertum um. Die kritische sei dagegen vor allem eine gesellschaftskritische, linke Perspektive auf die Geschichte, in der es darum ginge, ungerechte gegenwärtige Zustände durch das Aufzeigen ihrer Genealogie zu delegitimieren:

> Mitunter [...] verlangt [...] Leben, das die Vergessenheit braucht, die zeitweilige Vernichtung dieser Vergessenheit; dann soll es eben gerade klar werden, wie ungerecht die Existenz irgend eines Dinges, eines Privilegiums, einer Kaste, einer Dynastie zum Beispiel, ist, wie sehr dieses Ding den Untergang verdient.[188]

Eine so große Anerkennung hat Nietzsche dem linken wie auch dem konservativen Denken wohl nie gezollt. *Vom Nutzen und Nachtheil der Historie für das Leben* ist so vielleicht seine maßvollste Schrift, in der zahlreiche seiner späteren Grundgedanken bereits angelegt sind, vor allem seine spätere Methode der Genealogie, die freilich stets mit einer ordentliche Prise ‹Momumentalik› gewürzt ist (ein Antiquar ist Nietzsche wohl am allerwenigsten). Alle drei Grundarten der Historie müssen sich bei ihm wechselseitig in ihre Schranken weisen und ausgleichen – doch stets rückgebunden sein an eine gegenwarts- und vor allem auch *zukunftsbezogene* Leidenschaft. Ein Buch, das man jedem Erstsemester zur Pflichtlektüre machen müsste.

188 3.

c) *Die Ethik der ewigen Wiederkunft*

Nietzsche spitzt seine – ambivalente – Wissenschaftskritik in *Menschliches, Allzumenschliches* wie folgt zu:

> Zukunft der Wissenschaft. – Die Wissenschaft giebt Dem, welcher in ihr arbeitet und sucht, viel Vergnügen, Dem, welcher ihre Ergebnisse lernt, sehr wenig. Da allmählich aber alle wichtigen Wahrheiten der Wissenschaft alltäglich und gemein werden müssen, so hört auch dieses wenige Vergnügen auf: so wie wir beim Lernen des so bewunderungswürdigen Einmaleins längst aufgehört haben, uns zu freuen. Wenn nun die Wissenschaft immer weniger Freude durch sich macht und immer mehr Freude, durch Verdächtigung der tröstlichen Metaphysik, Religion und Kunst, nimmt: so verarmt jene grösste Quelle der Lust, welcher die Menschheit fast ihr gesammtes Menschenthum verdankt. Desshalb muss eine höhere Cultur dem Menschen ein Doppelgehirn, gleichsam zwei Hirnkammern geben, einmal um Wissenschaft, sodann um Nicht-Wissenschaft zu empfinden: neben einander liegend, ohne Verwirrung, trennbar, abschliessbar; es ist diess eine Forderung der Gesundheit. Im einen Bereiche liegt die Kraftquelle, im anderen der Regulator: mit Illusionen, Einseitigkeiten, Leidenschaften muss geheizt werden, mit Hülfe der erkennenden Wissenschaft muss den bösartigen und gefährlichen Folgen einer Ueberheizung vorgebeugt werden. – Wird dieser Forderung der höheren Cultur nicht genügt, so ist der weitere Verlauf der menschlichen Entwickelung fast mit Sicherheit vorherzusagen: das Interesse am Wahren hört auf, je weniger es Lust gewährt; die Illusion, der Irrthum, die Phantastik erkämpfen sich Schritt um Schritt, weil sie mit Lust verbunden sind, ihren ehemals behaupteten Boden: der Ruin der Wissenschaften, das Zurücksinken in Barbarei ist die nächste Folge; von Neuem muss die Menschheit wieder anfangen, ihr Gewebe zu weben, nachdem sie es, gleich Penelope, des Nachts zerstört hat. Aber wer bürgt uns dafür, dass sie immer wieder die Kraft dazu findet?[189]

Hier erblicken wir den Gedanken der «ewigen Wiederkunft»: Doch die ewige Wiederkunft bedeutet ja immer auch Hoffnung, Hoffnung auf einen neuen Anfang nach dem Zusammenbruch. Nietzsche spricht hier die Gefahr an, dass es durchaus auch –

189 I 251.

im Sinne einer Art ‹negativen Eschatologie› – sein kann, dass der «letzte Mensch» triumphiert, dass Hegel also Recht behält. Ohne dieses Moment wäre ja seine gesamte schriftstellerische Tätigkeit ja auch kaum verständlich: Wäre der Umschlag von Sklaven- in Herrenmoral vollkommen notwendig, bräuchte es keine Schriften, die dazu dienen, dazu zu motivieren, diesen Umschlag aktiv herbeizuführen. Nicht zufällig klingt Nietzsche geradezu messianisch, wenn er schreibt:

> Dieser Mensch der Zukunft, der uns ebenso vom bisherigen Ideal erlösen wird, als von dem, *was aus ihm wachsen musste*, vom grossen Ekel, vom Willen zum Nichts, vom Nihilismus, dieser Glockenschlag des Mittags und der grossen Entscheidung, der den Willen wieder frei macht, der der Erde ihr Ziel und dem Menschen seine Hoffnung zurückgiebt, dieser Antichrist und Antinihilist, dieser Besieger Gottes und des Nichts – *er muss einst kommen...*[190]

Die «ewige Wiederkunft» wäre in diesem Sinn etwas, was es durchaus in dem Sinne zu bejahen gilt, dass es darum geht, sie nicht nur passiv zu erkennen, sondern aktiv herbeizuführen: Die Geschichte *soll* nicht beendet werden, das Weltrad *soll* sich weiterdrehen.

d) Frankreich als Ort der Synthese

Doch auch im Spätwerk – auch wenn es Nietzsche dort mehr und mehr schwerfällt, derartige Figuren der Synthese zu artikulieren – hält Nietzsche noch an der Idee des notwendigen Ausgleichs zwischen den verschiedenen Kräften des Lebens fest. Eine besondere Rolle nimmt dabei Frankreich ein, über dessen Kultur sich Nietzsche immer wieder bewundernd äußert und mit dem er Deutschland immer wieder kritisch konfrontiert. Die Affinität der Franzosen zu Nietzsche ist vor diesem Hintergrund nicht verwunderlich – tatsächlich hielt sich Nietzsche auch einige Zeit in Nizza auf, las gerne französische Autoren und zitiert sie auch in seinen Schriften, die von französischen Lehnwörtern nur so wimmeln. Gerade im Kontext der damaligen Zeit – Frankreich war ja nach dem Sturz Napoleons III. wieder Republik – war diese Bewunderung auch durchaus ein politisches Statement.

---

190 GM II 24.

Die Überlegenheit der französischen Kultur erklärt Nietzsche nicht zuletzt aus ihrer Fähigkeit zur Synthese der Gegensätze:

> [I]m Wesen der Franzosen ist eine halbwegs gelungene Synthesis des Nordens und Südens gegeben, welche sie viele Dinge begreifen macht und andre Dinge thun heisst, die ein Engländer nie begreifen wird; ihr dem Süden periodisch zugewandtes und abgewandtes Temperament, in dem von Zeit zu Zeit das provençalische und ligurische Blut überschäumt, bewahrt sie vor dem schauerlichen nordischen Grau in Grau und der sonnenlosen Begriffs-Gespensterei und Blutarmuth, – unsrer *deutschen* Krankheit des Geschmacks, gegen deren Übermaass man sich augenblicklich mit grosser Entschlossenheit Blut und Eisen, will sagen: die «grosse Politik» verordnet hat (gemäss einer gefährlichen Heilkunst, welche mich warten und warten, aber bis jetzt noch nicht hoffen lehrt –). Auch jetzt noch giebt es in Frankreich ein Vorverständniss und ein Entgegenkommen für jene seltneren und selten befriedigten Menschen, welche zu umfänglich sind, um in irgend einer Vaterländerei ihr Genüge zu finden und im Norden den Süden, im Süden den Norden zu lieben wissen, – für die geborenen Mittelländler, die «guten Europäer».[191]

Liest man diese Stelle politisch, so sieht man hier ein großes Verständnis für Bismarcks Politik des «Blut und Eisen» und könnte hieraus den Schluss ziehen, dass Nietzsche letztendlich in einer Herrschaftsform, die das moderne, demokratische, «nordische» Element mit dem aristokratischen, «blutigen», «südlichen» verbindet, sein Ideal erblickt.

e) Flüchtige Verbindungen

Freilich konzipiert Nietzsche diese Figuren der Synthese stets als flüchtige und prekäre: Er weiß darum, dass die Kräfte des Lebens stets nach einseitiger Herrschaft streben. Nietzsche kann somit genauso als Denker der Synthese wie auch gerade als einer gelesen werden, der die notwendige Abschließung des eigenen Selbstentwurfs gegenüber fremden Einflüssen betont: «Formel meines Glücks: ein Ja, ein Nein, eine gerade Linie, ein *Ziel* ...»[192] Auch diese beiden Seiten könnte man wieder mit ei-

191 JGB 254.
192 GD *Sprüche* 66.

ner Figur der Mäßigung vermitteln, doch ist es wirklich sinnvoll und lebensnah, ein Maß zwischen Maß und Maßlosigkeit zu fordern? Wäre das nicht eher eine hegelianische als eine nietzscheanische Figur? Ist das noch ein Nietzsche der Leidenschaft oder nicht eher einer für Philosophen?

Jedenfalls fiel es auch Nietzsches Interpreten nicht leicht, die von ihm ab und an geforderte Mitte zu halten. Sie kippten fast alle in das eine oder das andere Extrem, bezogen sich auf diesen oder jenen Aspekt von Nietzsches Denken und vernachlässigten dafür alle anderen. Manche Deutungen sind dabei derart textfern, dass man durchaus von Verfälschungen sprechen kann – doch bei einem derart vieldeutigen Autor wie Nietzsche ist es schwierig, selektive Lektüreweisen *per se* derart zu stigmatisieren, wenn man es nicht bei der, wiederum sehr dogmatischen, Festlegung belassen will, dass bei Nietzsche eben alles irgendwie vage, vieldeutig, widersprüchlich sei – was es eben auch nicht ist. Nietzsche ruft jedenfalls dazu auf, «[s]ich von den Dingen [zu] entfernen, bis man Vieles von ihnen nicht mehr sieht und Vieles hinzusehen muss, *um sie noch zu sehen*»[193] – vielleicht sollte man auch mit seinen Texten so verfahren.

Der ‹Nietzsche des Maßes› ist freilich jener, mit dem schlussendlich am meisten anzufangen ist und der im Folgenden als eine Art Maß fungieren soll, um die unterschiedlichen Zugänge zu ihm hinsichtlich ihrer Nähe zu Nietzsche einzuordnen. Er liefert eine vor allem aus einer linken Sicht keine vollkommen befriedigende Perspektive, doch spricht doch zugleich etwas Wichtiges an: dass es in der Welt eben keine Reinheit gibt und dass man zerstört, wenn man Reinheit fordert. Ambiguität ist – nicht immer, aber oft – etwas, das man durchaus wertschätzen sollte. Der linke Universalismus tut in diesem Sinne gut daran, nicht alles Partikulare – alle Leiblichkeit, alle Individualität, alle Leidenschaft, allen Patriotismus – aus sich auszuschließen, sondern in sich aufzuheben und so einen Universalismus nicht der Gleichmacherei, sondern der Gleichheit der Unterschiedlichen zu propagieren. Wenn man das Projekt einer ‹nietzscheanischen Linken› oder eines ‹linken Nietzscheanismus› in einer Formel zusammenfassen müsste, dann wäre es wohl diese. Beim Rechts–Nietzscheanismus sehen wir umgekehrt, dass es dort eine gewisse Tendenz dazu gibt, universalistische Züge in ein grundsätzlich partikularistisches Denken zu integrieren.

193 FW 299.

III.[194] Zurück zu Nietzsche![195]

Was bleibt nun also nach all den stürmischen Wellen der Nietzsche-Rezeption? Hat sich unsere wilde Fahrt gelohnt? Haben wir einen sicheren Hafen erreicht? Oder sollten wir auf die fünfte Welle warten, die uns endlich ans sichere Ufer schwemmen wird? Oder besser noch: diese Welle selbst *sein*?

Das Fazit dieser Studie kann und soll eigentlich nur lauten: ‹Zurück zu Nietzsche!› Es sollte deutlich geworden sein, dass keine der drei linken Grundströmungen der Nietzsche-Rezeption Nietzsche selbst gerecht wird – und ebenso wenig die rechte. Nietzsches Werk selbst ließe sich als Synthese dieser vier Grundtendenzen verstehen – und vieler weiterer möglicher Lesarten. Es einfach nur abzuspiegeln würde in eine heillose Verwirrung und Widersprüchlichkeit führen – das kann sicher nicht der Sinn eines ‹Zurück zu Nietzsche› sein. Es geht nicht darum, zu einem ‹authentischen Original› zurückzukehren, dass hinter all den bisherigen ‹Verstellungen› und ‹Verkürzungen› verborgen läge. So kann man vielleicht über Marx oder Freud sprechen – doch bei Nietzsche, der niemals eine ‹Schule› irgendeiner Art begründen wollte, wäre diese Sprechweise vollends grotesk.

Nein, ‹Zurück zu Nietzsche›, das sollte zuallererst bedeuten, ohne diesen Anspruch, sich an ein geheiligtes Original zu wenden, einfach einmal ohne all die tradierten Schablonen im Kopf den Texten von Nietzsche selbst zuzuwenden und seinen ganz eigenen Zugang zu Nietzsches Texten zu finden. Vergesst Freud, vergesst Adorno, vergesst Foucault, vergesst Heidegger: Schaut euch Nietzsche an, diesen vielleicht tiefsten aller Philosophen, diesen frechsten aller Antiphilosophen, diesen konsequentesten aller Nichtphilosophen, diesen «Seismographen», dieses «Dynamit».

194 In dieser ursprünglich einbändig angelegten Einführung war dieses Kapitel als VII. konzipiert; Band 2 entspricht den dazwischenliegenden Teilen.

195 Für eine ausführlichere Fassung der Thesen dieses Schlussteils vgl. meine Broschüre *Die Linke neu leben. Thesen für einen linken Nietzsche heute. Eine Streitschrift.*

Was er bietet, ist offensichtlich – wie auch die meisten seiner Kritiker anerkennen – eine ausgezeichnete Analyse der Widersprüche der modernen Gesellschaft; Widersprüche, die uns noch heute heimsuchen, wenn auch in verändertem Gewand. Seine Analyse ist dabei nicht wie die von Marx (weitgehend) auf das Feld der Ökonomie beschränkt, sondern teilt geradezu Hegels Totalitätsanspruch – doch im Gegensatz zu Hegel will sie nichts beschönigen und vermitteln, sondern alles schonungslos offenlegen. «Sagen, was ist», diese Grundlosung aller authentischen kritischen, materialistischen Theorie[196] – natürlich nicht im Sinne des ‹Neuen Realismus› irgendwelcher Modephilosophen des gegenwärtigen deutschen *juste milieu*, deren Namen dieses Buch nicht besudeln sollen, sondern im Sinne eines Materialismus, der weiß, dass es ‹da draußen› etwas gibt, dass in unseren stets ideologisch gefärbten Begriffen nicht aufgeht –, diesem Imperativ wurde wohl kein Philosoph so konsequent gerecht wie dieser eigenartige Herr Nietzsche. Insofern ist man vielleicht der beste Nietzscheaner, wenn man einfach das macht: «Sagen, was ist.»

Kann «Sagen, was ist» ‹rechts› oder ‹links› sein? Aus der Perspektive jenes radikalen Materialismus sind beides ideologische Standpunkte, von denen keiner eine höhere Wahrheit beanspruchen kann als der andere. Doch ein solcher Materialismus weiß auch, dass ein Denken ohne Standpunkt, ohne Leidenschaft, ohne Interesse eines ist, das nicht denkenswert ist, insofern erst das Interesse uns die Welt erschließt. Es müsste einem linken Nietzscheanismus von heute also darum gehen, dem linken Denken – ausgehend von Nietzsche, aber sicher auch von anderen materialistischen Theoretikern wie Marx und (fast) allen, die in diesem Buch erwähnt wurden – eine neue Portion Realitätsfühlung zu verleihen.

Dass diese ‹materialistische Erdung› nottut, zeigt sich schon allein daran, dass die Neuste Rechte seit Jahren erfolgreich das Narrativ kursieren lässt, sie sei die ‹wirklichkeitsnahe› Strömung, die mit ihren Themen eine von ‹linken Ideologen› oder gar ‹Kulturmarxisten› verdrängte Realität ausspreche. Das Teuflische daran ist, dass es einst wir Linken waren, die gegenüber dem

196 Sie wurde wörtlich u. a. von Johann Gottlieb Fichte, Rudolf Augstein, Ferdinand Lassalle und Rosa Luxemburg aufgegriffen, geht aber ursprünglich auf Offb. 1,19 zurück.

Establishment so auftraten. Und nun – sind wir selbst Establishment geworden?

Wir Linken sind derzeit mit zwei offensichtlichen Optionen konfrontiert: a) die Akzeptanz dieses rechten Narrativs und die Übernahme rechter Inhalte in eine linke Theorie und Praxis und b) die völlige Ignoranz gegenüber rechten Inhalten, ihren Ausschluss aus dem Diskurs und ein einfaches ‹Weiter so›. Es ist klar, dass beide Strategien nicht aufgehen können: Die erste wäre eine Kapitulation, die zweite wirkt defensiv und blendet aus, dass es womöglich einzelne Aspekte der Wirklichkeit gibt, die die Linke tatsächlich in ihrer Theorie und Praxis übersieht. Es ginge darum, zunächst einmal *für sich* zu reflektieren, was mögliche Leerstellen des eigenen Denkens sind – aber zugleich auch in die Offensive zu gehen und aufzuzeigen, wie wenig rechte Theoretiker in Wahrheit ihrem eigenen Anspruch ‹Propheten der Wirklichkeit› oder ‹Sprecher des Volkes› zu sein gerecht werden, sondern einfach nur längst widerlegte Vorurteile wiederkäuen. Und natürlich sollten wir nicht vergessen, dass unser Projekt nicht einfach nur der ‹Kampf gegen Rechts› ist, in den uns die Bürgerlichen gerne einreihen wollen. Selbstverständlich ist dieser Kampf im Augenblick wesentlich, doch es ist eine berechtigte Frage, ob der ‹Hauptfeind› nicht in Wahrheit der Neoliberalismus samt seiner linksneoliberalen Jubelperser in den Zeitungsredaktionen, Universitäten und Kulturinstitutionen ist. Letztendlich ist das die entscheidende Hauptfrage, der wir uns – ähnlich wie unsere Vorläufer in den 20er-Jahren – stellen müssen: Wo steht der Hauptfeind heute? Ohne eine entschiedene Antwort auf sie wird sich auch keine stringente linke Theorie und Strategie entwickeln lassen.

Wir sollten auf jeden Fall *nicht* in die Falle tappen und uns auf einen oft genug mit pseudo-nietzscheanischen Argumenten geführten postmodernen Zensurdiskurs einlassen. Das hieße ja im Grunde, den rechten ‹Freigeistern› Recht zu geben: «Ja, wir verteidigen Sprachverbote; bestimmte Dinge dürfen an deutschen Universitäten, in Publikationen seriöser Verlage, in sozialen Medien … einfach nicht gesagt werden.» Das strategische Problem dieser Rhetorik besteht zumal darin, dass die Forderung nach Sprechverboten für bestimmte Personen und Gruppen kinderleicht von unseren Gegnern vereinnahmt werden kann: Heute dürfen Rechte nicht auftreten, morgen Linke nicht; wir dürfen nicht vergessen, dass die ‹Hufeisen-Theorie›, der zufolge es eine ‹gesunde Mitte› gebe, die von Extremisten von zwei Seiten attackiert würde, im bürgerlichen Lager nach wie vor die bestimmende politische Grundhaltung ist.

Führen wir keinen Polizei-, führen wir einen *Wirklichkeits*diskurs, in dem es offen und ehrlich um die richtigere Interpretation der Wirklichkeit im Wissen darum geht, dass sich diese nie einfach unmittelbar als ‹Wahrheit› darbietet. Führen wir einen Kampf, in dem es darum geht, zu *siegen* auf der Grundlage einer besseren Interpretation der Welt und nicht darum, um jeden Preis moralisch überlegen sein zu wollen. Linke Diskussionen werden schon zu lange als elitäre Selbstbeweihräucherungen von Bessergestellten wahrgenommen, die sich gegenseitig darin bestätigen, auf der ‹richtigen Seite› zu stehen. Wo ist der Punk geblieben? Wer hat heute noch den Mut, wie Adorno eine öffentliche Diskussion mit einem der führenden Köpfe der Gegner zu führen?[197] War linke Kulturpolitik nicht mal mehr als ein verzweifelter Abwehrkampf, die Kooperation mit bürgerlichen Aufklärungskampagnen und ‹*political correctness*›?

Freilich ist ‹*political correctness*› selbst kein neutraler Begriff, sondern ein politischer Kampfbegriff des Gegners. Doch wir soll-

197 Trotz seiner Kritik an der Kulturindustrie war sich Adorno nicht zu schade, sich als häufiger Diskutant in Radio und Fernsehen zu profilieren – u. a. führten Horkheimer und er mit dem Heidegger-Schüler Gadamer das erwähnte Radiointerview zu Nietzsches 50. Todestag, der zwar kein NSDAP-Mitglied gewesen war, mit dem NS jedoch kollaboriert hatte. – Adorno stellte sich 1965 einem heute noch sehr sehenswerten Fernsehgespräch mit Arnold Gehlen, das so niveauvoll ist, dass man aus heutiger Sicht kaum glauben mag, dass so etwas einmal im Fernsehen lief. Gehlen war nicht ‹irgendwer›: Er war 1933 in die NSDAP eingetreten. Er profitierte danach u. a. von der Entlassung des Theologen Paul Tillichs aus politischen Gründen, der Adornos Habilitation zu Kierkegaard betreut hatte. Seine Philosophie ist eine konservative Verteidigung sozialer Institutionen als Stabilisierungsfaktor des durch seine konstitutive Offenheit gekennzeichneten menschlichen Daseins – eine Position, die sich durchaus auch von Nietzsche her begründen ließe (obzwar es in den Texten, aus denen die in diesem Zusammenhang oft zitierten Wendung vom Menschen als das «*noch nicht festgestellte Thier*» [JGB 62, vgl. auch NF 1885 2[13]] stammt, interessanterweise v. a. gerade darum geht, falsche Arten, den Menschen «festzustellen» wie das Christentum und die moderne Demokratie zu kritisieren und dagegen das Recht des starken Einzelnen zu verteidigen). Man fragt sich schon, was so verheerend daran sein sollte, mit Rechten zu diskutieren, wenn selbst der als Jude verfolgte Adorno mit dem Ex-Nazi Gehlen sprach – entweder glaubt man an die Kraft der eigenen Argumente und der eigenen Rhetorik oder man tut es nicht, dann sollte man sich aber überlegen, ob man weiterhin als Wissenschaftler oder Publizist tätig sein möchte.

ten uns endlich schonungslos mit der Wahrheit konfrontieren, dass er eine gewisse Realität bezeichnet. Ein österreichischer Autor mit dem Pseudonym Atta Boy hat kürzlich eine kleine Broschüre mit dem Titel *Streitschrift für eine Politisch Unkorrekte Links-Linke* veröffentlicht – ich denke, das ist der Weg, den wir gehen müssen: Wir müssen endlich wieder lernen, ‹politisch unkorrekt› zu sein und in offensiver Weise unsere Weltinterpretation, unsere Perspektive, die sich gegen den Neoliberalismus und die rechte Antwort auf ihn gleichermaßen richtet, zu vertreten. Wohl kaum ein Theoretiker kann uns bei diesem Unterfangen so nützlich sein wie Nietzsche – selbst wenn es auch unsere Gegner sind, die sich seiner bedienen. Doch darüber sollte man sich nicht empören: Man sollte einfach aufzeigen, dass man selbst den besseren, weil wirklichkeitsnäheren, Nietzsche hat.

1. Was bleibt? – Ein Resümee

Anhand der eingangs eingeführten fünf Kernthemen soll im Folgenden ein Resümee gezogen werden: Was bleibt von etwa 120 Jahren linker Nietzsche-Rezeption? Und wo genau gibt es vielleicht noch Aspekte an Nietzsche zu entdecken, die von ihr bislang übersehen worden sind? Es geht im Folgenden nicht darum, etwas völlig Neues zu sagen – doch an gewisse Basisbanalitäten zu erinnern, die im völlig moralisierten Diskurs der Gegenwartslinken oftmals vergessen worden sind.

a) Freiheit von der ‹Freiheit›

‹Individuelle Befreiung›, das ist ein Thema, das scheinbar schon lange vom Neoliberalismus gekapert worden ist, der ‹Individualismus› ist bekanntlich *der* Grundpfeiler neoliberaler Ideologie. Wenn man politische Demonstrationen in westlichen Metropolen betrachtet, kann man sich kaum des Eindrucks erwehren, dass die größte Masse stets an einer unangemeldeten Gegendemo für den ‹Individualismus› beteiligt ist. Diverse Theorien von Freud bis Butler haben uns zudem gelehrt, den Begriff des ‹Individuums› und seiner ‹Freiheit› sehr skeptisch zu betrachten.

Nietzsche und die auf ihm aufbauende Denktradition zeigen freilich auch an, dass es komplexere Wege gibt, den Individualismus zu begründen und in ein Verhältnis zu Vorstellungen kollektiver Freiheit zu setzen als es ein einfaches Entweder/Oder vermuten lässt. Nietzsche ist nicht Stirner – und er ist erst recht nicht Ayn Rand (die übrigens von Nietzsche nicht allzu viel hielt[198])! Nietzsches Philosophie ermöglicht es, den Individualismus zu bejahen ohne das Individuum als metaphysische Substanz zu denken – es ist das Ergebnis eines historischen Abrichtungsprozesses, den es zugleich in jedem einzelnen Leben zu reaktualisieren gilt. ‹Individualismus› kann nicht einfach bedeuten, dass jeder von Kindheit an nach Belieben das machen darf, was er will – er setzt vielmehr einen *aufrechten Gang* voraus, der erst erlernt werden muss; was durchaus auch bedeuten kann, zunächst einmal ein Korsett zu tragen, dass man dann irgendwann abwerfen kann. Es geht darum, in einem Konfrontationsprozess mit kulturellen Normen und der sozialen Wirklichkeit gleichermaßen zu einer sowohl *autonomen* als auch *authentischen* Persönlichkeit zu reifen, die in einem selbstbewussten Verhältnis zu ihrer inneren Triebnatur wie auch den Anforderungen der Umwelt steht.

Ein solch anspruchsvoller Begriff von Individualität birgt nach wie vor einigen kritischen Sprengstoff, insofern er sich gleichermaßen gegen alle Versuche richtet, das Individuum von linker oder rechter Seite aus dem Zwang des Kollektivs zu unterwerfen, zugleich aber auch gegen infantile Formen des Anarchismus gerichtet ist wie auch gegen den neoliberalen *common sense*-Individualismus der Gegenwart. Die Geschichte hat gezeigt, wie gefährlich eine linke Politik ist, die den Individualismus vernachlässigt oder gar als reaktionäre Ideologie verteufelt – sie ist nicht zuletzt deshalb zum Scheitern verurteilt, weil das Individuum in der modernen Welt schlicht ein *Faktum* ist, mit dem man zu rechnen hat. Doch zugleich hilft uns Nietzsche zu verstehen, wie armselig der vorhandene Individualismus ist und wie beschränkt die Möglichkeiten in der bestehenden Gesellschaft sind, sich selbst gemäß dem Leitbild einer *echten* Individualität zu entwickeln.

---

198 Während sie in ihren frühen Jahren durchaus starke Affinitäten zu Nietzsche hatte, wandte sie sich später von ihm ab und schrieb Sätze wie «I disagree with [Nietzsche] emphatically on all fundamentals» (*The Intellectual Bankruptcy of Our Age*, 117). Insbesondere ihr «Objektivismus» ist mit Nietzsche nur schwer zu vereinbaren. Vgl. zum Verhältnis Nietzsche–Rand die umfangreichen ensprechenden Darlegungen in Christian Wildhagen, *Ayn Rand*.

Womit wir heute in Wahrheit konfrontiert sind, ist die bloße *Ideologie* eines Pseudo-Individualismus, der verschleiert, dass die Einzelnen immer weniger Subjekte sind, sondern Manövriermasse immer mächtigerer objektiver Strukturen. Insbesondere Adornos und Horkheimers Diagnosen haben in dieser Hinsicht nichts von ihrer Aktualität verloren. Der neoliberale Individualismus dient dazu, die Einzelnen zu entsolidarisieren und sie in kleine Kampfmaschinen um die wenigen vorhandenen ‹Machtpositionen› zu verwandeln, die einem – so hofft man jedenfalls – minimale Spielräume verschaffen. Wir sind alle kleine fleißige Ich-AGs, die sich temporär zusammenfinden, um entschlossene Rackets zu bilden – das ist, wie ja etwa Deleuze und Guattari klar erkannten, der beste Nährboden für den Faschismus und seine Vision einer homogenen Volksgemeinschaft, die in Wahrheit freilich eine Arena der Cliquenkämpfe bleibt[199].

Echte Solidarität ist dagegen von echter Individualität nicht verschieden, sondern im Gegenteil bedingt sich beides wechselseitig. Ein Problem entsteht, wo beides auseinanderklafft und beispielsweise repressive linke Apparate ‹individualistische Abweichler› oder ‹querulantische Freigeister› ausschließen und mobben (man könnte mit Nietzsche auch sagen: ‹herden›).[200] Natürlich erfordert auch der linke Kampf eine gewisse Hingabe und Disziplin und mithin die Fähigkeit zur Unterordnung. Doch selbst die ist, in diesem Punkt ist etwa Sorel vollends zuzustimmen, als authentische nur möglich vor dem Hintergrund einer großen inneren Stärke, Würde und Selbständigkeit – linke Aktivisten sollen schließlich kein Haufen von Bücklingen und Speichelleckern sein.

Doch die vielleicht größere Gefahr der Gegenwart ist ein infantiler ‹Individualismus› ohne echte Stärke und Würde, der jede Form von Kollektivität – die doch notwendig auch mit gewissen Hierarchien einhergeht – ablehnt. Immer mehr Menschen – gerade solche, die sich irgendwie ‹nonkonformistisch›

199 Zu diesem entscheidenden Punkt der Wirklichkeit der nationalsozialistischen Herrschaft vgl. auch Franz Neumanns im Umkreis der klassischen Frankfurter Schule während des Zweiten Weltkriegs entstandene Studie *Behemoth*, in der er den Nationalsozialismus gerade als chaotisches, von ständigen inneren Konkurrenzkämpfen gekennzeichnetes Gebilde beschreibt.

200 Vgl. schon Adornos Kritik des repressiven Konformismus der Studentenbewegung in *Marginalien zu Theorie und Praxis*.

und ‹links› gebärden – sind leider für den politischen Kampf in ihrer jetzigen Verfassung nahezu unbrauchbare Narzissten und sozial Entwurzelte, deren ‹Individualismus› nichts Heroisches hat, sondern sich in einem kindischen «Das seh ich aber anders» oder «Das ist halt meine Meinung» erschöpft. Das größte Problem der Organisierung scheint heute zu sein, wie man die Leute hinter ihren Laptops und Smartphones hervorholen kann; sie ist fast notwendig zugleich Psychotherapie und Sozialarbeit. Insbesondere kontinuierliche Theoriearbeit scheint unter diesen Bedingungen kaum noch möglich zu sein. Sicherlich sieht auch der Kapitalismus dieses Problem mehr und mehr auch als eines an, das ihn selbst betrifft, insofern der sich abzeichnende neue Persönlichkeitstypus tendenziell unfähig zu selbst den minimalsten zivilisatorischen Verhaltensweisen wie dem Einhalten von Versprechen und Zuverlässigkeit ist (und nicht zufällig wird gleichzeitig das Wort ‹zivilisatorisch› selbst mehr und mehr zum Unwort erklärt in ‹progressiven› Kreisen) – doch letztendlich ist ihm dieser kriechende Menschenschlag lieber als Menschen, die aufrecht gehen und ihre Meinung nicht nur sagen, weil es ‹ihre Meinung› ist, sondern weil sie sie durch Konfrontation mit der Wirklichkeit mühsam erworben haben. Für diese Kriechtiere müssen eben passende Kontrolltechniken entwickelt werden – Digitalisierung und die jüngsten Durchbrüche in der Biochemie versprechen in dieser Hinsicht wahre Wunder. Die Menschen – auch wir selbst – werden mehr und mehr zu Relais algorithmisch gesteuerter Ströme reduziert – die höhnische Verwirklichung von Foucaults Traum vom «Tod des Subjekts» als von ihm sicher so nicht gewollten Horrortrip.

Eine progressive Antwort darauf kann nur lauten: Kappen wir uns ab, werden wir wir selbst! Lassen wir uns die Forderung nach individueller und kollektiver Souveränität nicht von den Rechten klauen – wir wissen, dass es mit beidem ganz schnell zu Ende ist, wenn rechte Parteien an die Macht kommen. Es geht vor allem darum zu verstehen, dass wir letztendlich *für uns selbst* kämpfen müssen, dafür, uns unsere eigenen Lebensbedingungen frei aneignen zu können. Doch wir müssen ebenfalls verstehen, dass wir auch und gerade dann für uns selbst kämpfen, wenn wir es für andere tun im Sinne von Jüngers «Das bist Du».

b) Treue zum Leib, Treue zur Erde

Doch Nietzsche lehrt auch, dass der Mensch nicht primär ‹autonomes Subjekt› ist, sondern ein zunächst einmal *leibliches* Wesen. Der *Körper* – also nicht der Leib, der ich bin, sondern der das Objekt des Blicks anderer ist[201] – ist nun, wie angedeutet, bereits längst von den Ingenieuren des Kapitals entdeckt und zum Gegenstand perfidester Manipulationen gemacht worden. Damit einher geht wiederum eine Ideologie der Körperlichkeit und der Optimierung des eigenen Körpers durch Sport, Training, Chemikalien, sexuelle S(t)imulation etc. Doch hinsichtlich der Frage nach der individuellen Befreiung können wir von Nietzsche auch angesichts dieser Frage lernen, dass die wirkliche Befreiung nicht eine *innerhalb* dieses ‹Befreiungsdiskurses› ist, sondern eine Befreiung *von* ihm. Wir müssen wieder lernen, unseren eigenen Körper nicht länger als zu manipulierendes und optimierendes Objekt zu begreifen, aber auch keiner oberflächlichen ‹Wellness› oder dem ‹Erlebnissport› zu frönen, sondern als *Leib*, den wir auch ohne Bungeespringen, Drogen- und Sexualexzesse oder Moorbäder spüren und entdecken können. Der manchmal auch stört, wenn er erschöpft ist oder gerade einfach mal ‹nicht mehr mitmachen› möchte. In gewisser Weise ist unser Leib unser innerer Antikapitalist, unser kommunistisches Gewissen. Natürlich ist nichts Schlechtes daran, zu versuchen, die Grenzen unserer leiblichen Leistungsfähigkeit auszutesten und zu erweitern – doch wir sollten es, wenn wir es tun, im Namen von Idealen tun, die die *unseren* sind und uns nicht für die Zwecke von Kapital und Staat verheizen lassen.

Doch gefährdet ist nicht so sehr unser individueller Leib, sondern zuallererst der *kollektive* Leib der Menschheit; die Erde, auf der wir alle leben. Nietzsches Losung von der ‹Treue zur Erde› ist wohl kaum aktueller als heute in Zeiten einer wahrhaft *ungeheuren* Naturvergessenheit, die uns unsere natürlichen Lebensgrundlagen noch mehr ignorieren lässt als die Erschöpfungssymptome unserer individuellen Körper. Schon Nietzsche hat ja im Hinblick auf das moderne Selbst- und Weltverhältnis von einer einmaligen Maßlosigkeit gesprochen und die Geschichte hat ihm Recht gegeben. Besteht unsere eigentliche Hybris nicht vielleicht sogar darin, den Planeten derart vollständig kontrol-

201 Wir haben gesehen, dass die Trennung zwischen beiden bei Nietzsche gar nicht so scharf ist.

lieren zu wollen, dass wir sogar noch die Folgen unserer eigenen Naturzerstörung beherrschen wollen? Bleiben wir nicht in einem völlig technokratischen Paradigma gefangen, wenn wir meinen, einfach nur immer neue und bessere Techniken einsetzen zu brauchen, um die Erde immer perfekter exploitieren zu können?

Von Nietzsche aus betrachtet sollten wir darüber nachdenken, in ein ganz neues, nicht-ausbeuterisches Verhältnis nicht nur zu unserem eigenen Leib, sondern auch zur ‹Mutter Erde› zu treten. Es bräuchte dafür freilich eine so grundlegende Umwälzung unserer gesamten gegenwärtigen Lebensform, dass sie sich wahrscheinlich erst nach dem Weltuntergang realisieren lassen wird, wenn es bereits zu spät ist.

Der entscheidende Punkt wäre vielleicht, den Klimawandel beispielsweise als Erschöpfungssymptom der Erde, nicht als etwas zu betrachten, was es zu bekämpfen gälte; ihn einfach als eine notwendige Folge unseres bisherigen ungesunden Umgangs mit ihr zu akzeptieren und diese Reflexion als Ausgangspunkt für einen «Umwertung aller Werte» zu benutzen, die uns dann vielleicht wirklich in die Lage versetzen könnte, ihn noch aufzuhalten. Doch vielleicht ist, wie angedeutet, auch ein katastrophaler Schock von globalem Ausmaß das einzige, was die Menschheit noch zur Besinnung bringen kann.

Vielleicht müssen wir uns sogar im Sinne einer «schenkenden Tugend» opfern, damit sich die Erde wieder von uns erholen und Platz für eine möglicherweise bessere mit Selbstbewusstsein und komplexer Kultur begabte Spezies zu schaffen, die nicht derart verantwortungslos mit dem einmaligen Geschenk, das dieser Planet bedeutet, umgeht wie wir in den letzten dreihundert Jahren und womöglich schon früher?

c) Revolution statt Sklavenaufstand

Wenn es einen Nietzsche gibt, der heute noch aktuell ist, dann ist es natürlich der Psychologe und Sozialtheoretiker. Man verkürzt Nietzsche, wenn man nur diese Seite an ihm betrachtet, doch seine Analyse der Psychologie des modernen Individuums und der Machtstrukturen, in die es eingebettet ist, ist nach wie vor ein paradigmatisches Beispiel dafür, dass beide Ebenen nur *vermittelt* zu denken sind. Er dringt so zumal in Tiefenschichten des kollektiven Unbewussten und der Machtmechanismen moderner Gesellschaften vor, die etwa Marx und Engels nahezu völlig fremd sind: Er erkennt die innere Zerrissenheit, die ‹Dividualität›, in die die moderne Gesellschaft jeden Einzelnen versetzt. Naive Hoffnungen in eine neue Revolution oder einen ‹humanen Fortschritt› setzt er daher nicht: Er sieht klar, dass oft genug verhohlene Machtgier, Neid und narzisstische Kränkung, kurz: das Ressentiment, die wahren Triebfedern des Kampfes der Unterdrückten sind und dieser Kampf dementsprechend zu immer neuen Problemen führt, aber zu keiner wirklichen Bekämpfung der Ursachen ihres Elends.

Nietzsches Psychologie und Sozialtheorie sollten so insbesondere dazu anregen, das Ressentiment in all seinen Formen zu bekämpfen und zu verhindern, dass aus der sozialen Revolution ein Sklavenaufstand wird. Die ernste Frage, die Nietzsche aufwirft – und die wahrscheinlich schwierigste Frage, mit der er eine linke Theorie und Praxis konfrontiert –, ist natürlich, ob eine solche ressentimentfreie Revolution überhaupt möglich ist. Ist es nicht notwendig so, wie Nietzsche behauptet, dass die Unterdrückten gar nicht anders können, als eine ressentimentgeladende Haltung zu entwickeln und dementsprechend, wenn überhaupt, Priester an die Macht zu bringen, die repressive Herdenstaaten, aber keine wirklich befreiten Gesellschaften, in die Welt setzen?

Wenn man sich die Geschichte anschaut, kann man kaum umhin, Nietzsche Recht zu geben. Und doch gibt es immer wieder Momente des revolutionären Kampfes – die Nietzsche kaum wahrnimmt –, in denen er kein Sklavenaufstand ist, sondern eine *wirkliche* Revolution, eine kreative, lebensbejahende Eruption, ein kurzer Augenblick, in denen sich die Sklaven als Herren fühlen können, in denen alle negativen, sie hemmenden Emotionen wie Kränkung, Rachsucht und Neid sich in Luft auflösen und stattdessen positive Gefühle wie Stolz, Freude und Gelassenheit triumphieren. Man kennt diese Momente kaum, wenn man nicht selbst an derartigen Kämpfen beteiligt war – doch wer es war, der wird bezeugen, dass es sie gibt, die Schönheit und Größe der revolutionären Masse und ihre wundervolle Kreativität, gegenüber der sich aller Prunk ihrer Unterdrücker wie lächerlicher Plunder ausnimmt.

Schwelgen wir nicht in Bildern früherer Zeiten, fragen wir uns, wo sich solche Momente in unserer alltäglichen Praxis finden lassen, was wir von ihnen lernen können – und befragen wir vor allem unsere eigenen subjektiven Motivationen: Ist es ein uneingestandener Ehrgeiz, der uns treibt? Der Wille, irgendwann doch noch an den Fleischtöpfen zu landen und für die moralische Erbauung oder künstlerische Unterhaltung der Unterdrückten zu sorgen? Oder als kritische Pausenclowns des Kulturbetriebs zu arbeiten? Oder treiben uns rein negative Emotionen wie Hass, Wut, Neid, Gier, die letztendlich auch die Triebkräfte sind, die den Kapitalismus am Laufen halten – und zudem mit keiner positiven Vision eines Besseren verbunden sind? Wir sollten uns von unserem priesterlich-sklavischen Ich lösen und dafür frei werden, einen Kampf zu entdecken und vor allem zu führen, in dem es natürlich *auch* um Macht geht, aber eben nicht die kleinliche ‹Macht›, die uns die bestehende Gesellschaft bietet, sondern eine *wirkliche* Macht, die nicht die Macht über andere Menschen oder über tote Dinge ist, sondern die Fähigkeit zur Bestimmung der eigenen Lebensumstände – eine Macht, die letztendlich nur gemeinsam zu realisieren ist in einer nicht-hierarchischen Gesellschaft. Erst, wenn es uns gelingt, wieder eine Politik zu machen, die mehr ist als kleinliche Machtpolitik – das peinliche Geschacher um Positionen im Kultur- und Politikbetrieb etc. –, die die Linke schon viel zu lange korrumpiert und unglaubwürdig gemacht hat, könnte es uns gelingen das wiederzufinden, was Nietzsche eine *große* Politik nennt. Wir müssen wieder den Mut dazu finden, Visionen zu entwickeln, die kein leeres Geschwätz sind, keine ‹große› Politik, sondern die von einer echten Größe und einer wirklichen Kreativität zeugen. Mehr Mut zur Utopie – Mut zum Übermenschen! Blochs Konzept der «konkreten Utopie» und Foucaults Rede von der «Heterotopie» könnten hier interessante Gegengifte zu einer an Adorno anknüpfenden ‹Utopophobie› sein.

d) Gegen die Entwertung aller Werte

Wir können dementsprechend selbst von der rechten Nihilismus-Kritik einiges übernehmen: Selbst wenn ihre Antworten falsch sein mögen, sind ihre Diagnosen doch oft treffend. Die moderne Gesellschaft ist eine Gesellschaft des *totalen Nihilismus*, in der alle Schöpferkraft sofort vom Markt absorbiert und verdinglicht wird, in der es keine echten Ideale mehr gibt, sondern nur das einen Wert hat, was einen Marktpreis erzielt. Die rechten Antworten auf dieses Problem (Männlichkeit, Abendland, Nation …) scheitern letztendlich daran, dass sie den Nihilismus letztendlich nur vertiefen, insofern sie dazu animieren, neue Ideale auf den Markt zu werfen, die sich dann wieder verpreisen lassen. Sie haben einfach keine Ahnung von der Ökonomie, während es bei der Linken oft an psychologischer und kultureller Einsicht mangelt. Man kann nicht oft genug daran erinnern, dass bei Nietzsche in Ansätzen bereits die ökonomische Dimension vorhanden ist.

Die Mainstream-Linke unterscheidet sich freilich in dieser Hinsicht von ihren Gegnern oftmals weniger, als ihr lieb ist. Egal, was sich diese oder jene auf die Fahnen schreiben: Der Markt verfügt über die unheimliche Fähigkeit, alles zu nivellieren. Die objektiv größte politische Partei ist diejenige der unbewussten Nihilisten, denen das Wichtigste ihr nächstes Tinderdate und ihre Turnschuhe sind – aufgepeppt entweder um ein wenig patriotische ‹Volk-lore› oder einen politisch korrekten Multikulti-Lifestyle. Und vermutlich gehört der Typus des kulturkritischen Nonkonformisten, der irgendwie ‹authentisch› und unverbogen ist und sich traut, das auszusprechen, was sich alle anderen nur denken, da irgendwie auch mit dazu.

Ist demgegenüber die postmoderne Bejahung des Nihilismus eine überzeugende Antwort? Oder gar eine sich darauf begründende Philosophie des Nein, der totalen Verweigerung oder sogar der Zuspitzung und Beschleunigung der totalen kapitalistischen Entwertung aller Werte? Vielleicht haben die Situationisten Recht und bereits das kleinste Ja zum Leben, wie es ist, ist ein Nein zum Leben, wie es sein könnte, und mithin ein verstecktes Ja zum Tod? Diejenigen, die zu den bestehenden Verhältnissen also grundlegend und kompromisslos Nein sagen, wären in Wahrheit keine Nihilisten – sondern diejenigen, die sich noch irgendwie um seine Rettung bemühen und sich an irgendwelchen kleinen Hoffnungsschimmern festhalten, die doch in Wahrheit längst als Glühwürmchen durchschaut sind. Doch ist es wirklich eine ressentimentfreie und für den politischen Kampf brauchbare Haltung, sich im Pathos der absoluten Negation zu gefallen? Ist das nicht auch eine Haltung, die bereits längst Teil des etablierten Kulturbetriebs geworden ist – und den politischen Kampf gerade schwächt? Was ist schlimmer: der Kitsch des Bunten oder derjenige des Schwarzen?

Vielleicht könnte es eine nietzscheanische Option sein, in dieser Frage nicht nur das große Entweder/Oder, sondern auch das

Dazwischen zu sehen, die Nuancen, die Grautöne und vielleicht die Farben, die es trotz allem noch gibt. Ein Nietzsche-Forscher hat für eine zeitgemäße, von Gelassenheit, Weisheit und Mut geprägte nietzscheanische Lebenshaltung den Begriff des «stilvollen Durchwurschtelns»[202] geprägt – vielleicht ist etwa auch das eine gangbare Option, sofern man gut zu tanzen versteht.

Nichts schränkt jedenfalls die eigene Fähigkeit zur Differenzierung und zum politischen Kampf mehr ein als ein schlichtes Denken in Dualitäten und Absolutheiten. Genau so wenig, wie etwa alles von Heidegger oder Jünger geschriebene nur deswegen falsch sein muss, weil sie empirisch Faschismus und Nationalsozialismus nahestanden, sollten wir uns mit einer eindimensionalen Interpretation von Adornos «Das Leben lebt nicht» und «Es gibt kein richtiges Leben im falschen» beruhigen – was letztendlich auch nur eine besonders ‹kritische› Art der Anpassung ist. Gerade die Erfahrung der letzten Jahre zeigt, dass immer wieder widerständige Bewegungen entstehen, die zwar von allen möglichen traditionslinken, neoliberalen und rechten Illusionen durchsetzt sind, aber eben auch immer von anderen Tendenzen zeugen. Diese Momente nicht zu sehen ist ebenso verkürzt wie die Aussichtslosigkeit der Lage zu verdrängen, in der wir uns befinden. Nietzsches *amor fati* sollte uns lehren, mit dieser Situation so gut umzugehen, wie es eben geht: Wir haben schlicht keine andere und es ist keine Schande, in ausweglosen Lagen zu scheitern; eine Schande wäre es, es nicht wenigstens versucht zu haben.

e) Nietzsche und die Rettung der Metaphysik

Doch die größte Gefahr der heutigen Linken besteht wahrscheinlich darin, in den Chor des postmodernen Nihilismus an vorderster Front einzustimmen und die herrschende Entwertung aller Werte sogar noch zu befördern. Gerade die Theorien von Foucault, Deleuze, Butler und teilweise von Nietzsche selbst werden heute vielfach – teilweise zu Recht, größtenteils jedoch zu Unrecht – dazu missbraucht, um der sozialen Revolution jedwede Kampfkraft zu rauben und in einen ressentimentgeladenen Sklavenaufstand gegen die letzten Reste der Zivilisation zu verwandeln.

202 Vgl. Helmut Heit, *Stilvolles Durchwursteln.*

Die poststrukturalistische Kritik hat, an Nietzsche anknüpfend, dafür sensibilisiert, wie sehr die bisherige Kultur bis ins Innerste hinein von Macht durchdrungen und keinesfalls ‹neutral› ist. Mit dieser Aufdeckung einher ging eine in den letzten Jahren dramatisch an Intensität gewinnende kulturelle Reformbewegung, der es darum ging, als Konsequenz aus dieser Kritik die Kultur von Sexismus, Rassismus, Klassismus etc. zu reinigen, um einer inklusiveren Kultur den Weg zu bereiten. Diese Kulturpolitik basiert jedoch auf einem oberflächlichen Verständnis dessen, was Nietzsche (und auch manche seiner poststrukturalistischen Rezipienten) über den Zusammenhang von Kultur und Macht zu sagen hat.

Erstens ist für Nietzsche der Zusammenhang zwischen Kultur und Macht derart grundlegend, dass er nicht einfach durch die Ausmerzung besonders greller Beispiele beseitigt werden kann. Im Gegenteil lässt sich aus einem nietzscheanischen Blick heraus mühelos die Entfernung solcher Beispiele als Versuch verstehen, über das wahre Ausmaß der Verschränkung von Kultur und Macht hinwegzutäuschen. Man benennt etwa Straßen um, die nach Kolonialherren des 19. Jahrhunderts heißen – was an sich begrüßenswert ist, jedoch übertüncht, dass der Wohlstand der westlichen Staaten bis heute auf den ‹Verdiensten› jener Menschen fußt und sich an der grundsätzlich kolonialen Verfasstheit der Welt nur wenig geändert hat. Ehrlicher wäre es, solche Male der Geschichte bewusst bestehen zu lassen und ggf., sofern für unbedingt nötig erachtet, mit erklärenden Kommentaren zu versehen.

Zweitens bedeutet die Verschränkung von Kultur und Macht aber auch, dass sich in der Kultur stets der Macht*kampf* manifestiert: Sie ist stets Ausdruck der Triumphe der Herren – aber auch der Hoffnungen der Sklaven. Wie vor allem Adorno – man erinnere sich an das beklagenswerte Kind – betonte, folgt daraus, dass eine linke kulturelle Säuberungspolitik stets in Gefahr läuft, mit dem ersteren Aspekt auch den letzteren zu beseitigen und so die Hoffnung auf eine befreite Gesellschaft, die ohne Macht wäre, erst recht zu blockieren. Nahezu alle bedeutenden Künstler und Denker der vergangenen 5.000 Jahre waren beispielsweise auf die eine oder andere Art ‹Parasiten› der jeweiligen herrschenden Klassen und mussten sich daher ihren Ideologien mehr oder weniger stark anpassen, bedienten etwa sexistische oder rassistische Vorurteile. Doch ebenso unübersehbar ist, dass die Bedeutung dieser Werke, das Dauerhafte an ihnen, gerade darin besteht, dass sie die jeweils herrschenden Ideologien zugleich auch überschritten und die Werkzeuge zu ihrer Kritik bereitlegten. Platon etwa war beides: antidemokratischer Aristokrat und der erste Theoretiker des Sozialismus. Gegen seine (vermutlich) reaktionäre Intention vertrat er objektiv die Interessen der Unterdrückten seiner Epoche am entschiedensten. Ähnliches gilt umso mehr für Nietzsche. Die Fokussierung auf die Zugeständnisse der bedeutenden Künstler und Denker an die partikularen Vorurteile ihrer Zeit – die oftmals bloß taktische Lippenbekenntnisse waren, aber auch oft Produkte echter Überzeugung – versperrt gerade den Blick für dasjenige, was an ihnen wesentlich, dauerhaft und essentiell für die geistige Begründung des universellen, des linken Kampfes ist. Eine linke Kulturpolitik, die das übersieht, beraubt sich gerade ihrer besten Potenzen und macht sich zur Komplizin der dunkelsten Reaktion.

Drittens ist fraglich, was Ursache und was Wirkung ist. Von Nietzsche kann man lernen, einem einseitigen Materialismus zu misstrauen, der alle kulturellen Kämpfe als bloße Probleme des «Überbaus» abtut, die mit denen der «Basis» nichts zu tun hätten. Doch Nietzsche selbst wiederum wiegt sich offensichtlich in Illusionen über die Mächtigkeit des Wirkens großer einzelner Genies, die durch ihre kulturellen Innovationen die Weltgeschichte lenken. Mit anderen Worten: Wenn Kulturkämpfe als bloße Kulturkämpfe geführt werden, drohen sie, entweder wirkungslos zu sein oder die bestehenden Machtverhältnisse sogar noch zu zementieren, indem sie die Energien des Kampfes auf bloße Spiegelgefechte lenken – oder sogar, wie gesagt, zu oberflächlichen Reformen führen, die helfen, die realen Machtverhältnisse zu verschleiern. Andererseits ist es gerade angesichts der Verschränkung von Macht und Kultur klar, dass es keine *reinen* Machtkämpfe gibt, sondern jeder politische Kampf zugleich *auch* ein kultureller ist und sein muss. Ein politischer Kampf, der sich nur noch als kultureller äußert, ist jedoch ein verlorener Kampf.

Viertens ist, wie Nietzsche gezeigt hat, die Schleifung vormoderner kultureller Residuen ja überhaupt nichts, was dem Geist moderner Gesellschaften zuwiderlaufen würde, sondern es ist gerade die ‹Entwertung aller Werte›, die ihr innerstes Betriebsgeheimnis definiert. Eine Linke, die in dieser Tendenz einfach nur mittut, läuft in Gefahr, sich vor den Karren kapitalistischen ‹Fortschritts› spannen zu lassen, anstatt ein eigenes Projekt humaner Entwicklung zu definieren. Denn was für die offensichtlich reaktionären Entwicklungen gilt, gilt unter den Bedingungen einer Klassengesellschaft auch für die ‹progressiven›: Sie sind stets zweideutig, sie haben neben der unbestreitbaren befreienden auch immer eine versklavende Seite. Der Kapitalismus entwertet alle Werte, um alles und jeden seiner Verwertungslogik zu unterwerfen, nicht, weil es ihm (bzw. seinen subjektiven Agenten) um humane Ziele gehen würde. Er kennt nur einen Wert, den Profit. Religion, Vorurteile, Patriotismus, Identitätssinn, Tugendhaftigkeit etc. lässt er nur gelten, insofern sie der Profitmaximierung eine menschliche Maske aufsetzen – sein Gesicht ist absolut unmenschlich. Auf dieser Zweideutigkeit des kulturellen und sozialen Fortschritts hat niemand so stark insistiert wie Nietzsche – gerade seine Feminismuskritik ist in diesem Sinne von höchster Aktualität für eine Linke, die nicht einfach nur Akzelerator der fortschreitenden Kapitalisierung der Welt sein will. In dem kulturellen Erbe der Menschheit ist ein Schatz aufbewahrt, der wertvoller ist als alle Reichtümer, die die Gesellschaften, in denen die kapitalistische Produktionsweise herrscht, in den letzten 300 Jahren geschaffen haben, zusammengenommen. Er setzt dem kapitalistischen ‹Fortschritt› Grenzen und verbürgt damit, dass eine Welt ohne Grenzen einmal möglich sein kann – unter der Herrschaft der kapitalistischen Produktionsweise wird ‹Grenzenlosigkeit› nur immer ‹schrankenlose Ausbeutung› bedeuten. Marx hatte noch Gründe, davon auszugehen, dass kapitalistischer und humaner Fortschritt letztendlich im Gleichschritt marschieren würde – bereits zu Nietzsches Lebzeiten zeichnete sich ab, dass diese Annahme eine Illusion war und das wird heute immer deutlicher.

Was aber **fünftens** die eigentliche nietzscheanische Lektion ist, ist die Einsicht, dass der Kampf um Befreiung niemals bloß verneinend sein darf, sondern ein bejahender Kampf sein muss. Der Hass gegen die bestehende Welt muss stets mit einer Liebe der künftigen gegenüber verkoppelt sein, sonst ist unweigerlich eine noch hassenswertere Welt das Resultat. Oftmals hat man den Eindruck, dass die Kulturrevolutionäre von heute die tradierte Kultur verachten, aber auch nicht die leiseste Ahnung haben, was sie eigentlich bejahen möchten. Eine Vorstellung von einer befreiten Zukunft lässt sich aber nur entwerfen unter

Bezugnahme auf die nichtbefreite Gegenwart – ein Problem, dem man entweder durch ein striktes «Bilderverbot» oder die Flucht in die Abstraktion entrinnen kann (wie es Adorno und Benjamin befürworteten), oder das sich adressieren lässt, indem man eben die Zweideutigkeit des kulturellen Schatzes akzeptiert und den vorhandenen Vorrat an befreienden Wunschvorstellungen birgt, um auf ihrer Grundlage neue entwerfen zu können (Blochs Ansatz).

Es käme also darauf an, nicht nur die «Metaphysik» im weitesten Sinne zu «dekonstruieren», sondern die befreienden Impulse aus der tradierten Metaphysik aufzugreifen und aus diesen Schwertern Flugscharen einer besseren Zukunft zu schmieden – eine neue Metaphysik zu kreieren, die den Bann bräche, der auf aller bisherigen liegt. Eine solche Metaphysik kann freilich keine reine Kopfgeburt sein, sondern wäre letztendlich das kollektive Resultat der Anstrengungen aller gegen ihre Unterdrückung aufbegehrenden Beherrschten, selbst wenn einzelne Künstler und Denker ihr «Mundstück» sind. Angesichts der fortschreitenden Schleifung aller humanen Hoffnungen durch die gegenwärtig das politische wie auch kulturelle Feld dominierende Allianz aus Neoliberalen und ihren ‹linken› Jubelpersern, hätte ein solches Bemühen freilich gegenwärtig, anders als noch zu Nietzsches Zeiten, vermutlich ein wesentlich ‹konservatives› zu sein im Sinne etwa des späten Horkheimers – doch Gefahr geht ebenso von den neurechten ‹Kulturrettern› und ihren islamistischen Gesinnungskameraden aus, die an der Kultur gerade ihre falsche, barbarische und partikulare Seite bewahren möchten. An den abrahamitischen Religionen beispielsweise gelte es eben nicht all das zu bewahren, was sie über die Jahrhunderte an Sexismus aufgesogen haben, sondern den in ihnen aufbewahrten Wunsch nach der Gleichheit aller Menschen. In ihnen umgekehrt nur patriarchalen Sondermüll zu erblicken, hieße, den Kampf um eine humane Zukunft um die stärksten Waffen zu berauben, über die er verfügt. Wenn es sich um Sondermüll handelt, dann um radioaktiven – und man täte gut daran, ihn nicht in tiefen Schächten zu vergraben (was ohnehin ein nutzloses Unterfangen wäre), sondern mit ihm die Kraftwerke der Weltrevolution zu befeuern.

Was ansteht, ist, den linken Humanismus zu erneuern – nicht, um den Menschen, wie er ist, zu erhalten, sondern um einen ‹neuen Menschen› zu realisieren. Erst diese Perspektive erlaubte es, eine «große Politik» im Sinne Nietzsches zu führen, die das Aufwerten der ‹großen Fragen› nicht scheut, sondern sie offensiv stellt und beantwortet. Die entscheidende Frage ist dabei wie einst «Fortschritt oder Barbarei» und die Aufgabe des linken Projekts muss es sein, immer wieder aufzuzeigen, dass ein wirklicher Fortschritt nur stattfinden kann, wenn er die soziale Basis tangiert – wenn er also damit einhergeht, das Privateigentum an Produktionsmitteln und Grundbesitz in Gemeineigentum zu überführen. Selbst, wenn er sich noch so ‹progressiv› maskiert – ein Kulturkampf, der in dieser Frage ausweicht und nicht hart bleibt, wird immer nur der Barbarei zuarbeiten, selbst wenn er manche Linderungen des allgemeinen Elends bewirken mag.

Zugleich hat aber die Geschichte gezeigt, dass die Kollektivierung der Produktionsmittel und des Grundbesitzes zu einem unmenschlichen Priesterregime ausarten kann, sofern der von Nietzsche betonten wilden, individualistischen, grausamen Seite des Menschen nicht ihr Recht widerfährt. Die Stärke des Kapitalismus liegt wesentlich darin begründet, dass er dieser Seite des Menschen wesentlich besser entspricht als der bisherige Sozialismus – während er sie zugleich derart fördert, dass er die Menschen wie Raubtiere aufeinanderhetzt und so der hemmungslosesten Barbarisierung den Weg bereitet. Der Mensch kann dauerhaft weder als zahmes Haustier existieren noch als einsamer Panther – nur eine Gesellschaftsordnung, die beiden Seiten des Menschen gleichermaßen entspricht, wäre wahrhaft human. Von Nietzsches Staatskritik gälte es insbesondere zu lernen, die Alternative zum Kapitalismus nicht als zentrale Planwirtschaft zu konzipieren, sondern als Zusammenspiel unterschiedlichster Eigentumsformen[203] – und sicherlich bedarf es einer «Erdregierung», um Problemen wie dem Klimawandel konzentriert zu begegnen, doch es muss zugleich ausgeschlossen werden, dass sie zu einem allmächtigen Moloch verkommt.

Kreative «freie Geister» wären aufgerufen, an der Konzeption eines solchen linken Projekts mitzuwirken, in dem Kopf und Herz, Vernunft und Leidenschaft nicht, wie gegenwärtig und in der Geschichte meist der Fall, nebeneinander oder sogar gegeneinander stehen, sondern eine Einheit bilden. Eine Linke, die weder moralinsauer noch zynisch, weder ‹politisch korrekt›

203 Vgl. hierzu etwa Wagenknechts erwähnte Studie *Reichtum ohne Gier*.

noch barbarisch wäre, sondern eine «Partei des Lebens» im Sinne Nietzsches. Sie müsste vor allem in Wort und Tat demonstrieren, dass der Sozialismus unter allen Ideologien der Moderne diejenige ist, die am ehesten in der Lage ist, Nietzsches Hoffnung gerecht zu werden, die Menschheit unter *einem* Ziel zu vereinigen. – Freilich nur, sofern er Nietzsche endlich als einen seiner wichtigsten Vordenker begreift.

2. «Geh nur dir selber treulich nach!» – Ausblick

Wir sehen also hinsichtlich aller fünf hier diskutierten Grundaspekte von Nietzsches Werk, dass sie auch heute noch zu denken geben – wobei es hier weniger darum ging, Antworten zu geben als vielmehr, ganz im Geiste Nietzsches, Fragen aufzuwerfen. Beantworten kann sie letztendlich nur jeder Leser für sich – Nietzsche ist wie eine Sphinx, die uns mit unseren eigenen Abgründen konfrontiert. Es liegt an uns, mit dieser Konfrontation umzugehen.

Nietzsche geht es dabei nicht darum, uns zu verwirren und in einem Meer von widersprüchlichen Aussagen zu ertränken. Das vielleicht temporär – doch nur, um darin schwimmen zu lernen. Man *kann* sich in Nietzsche verlieren und sein Werk als eine Last betrachten, die einem einen Buckel verleiht – doch letztendlich will er uns lehren, diese Last abzuwerfen und den *aufrechten Gang* zu lernen. In einer Welt, die uns mehr denn je zu Bücklingen macht, ist diese simple Botschaft aktueller denn je:

> *Vademecum – Vadetecum.*
> Es lockt dich meine Art und Sprach,
> Du folgest mir, du gehst mir nach?
> Geh nur dir selber treulich nach: –
> So folgst du mir – gemach! Gemach![204]

Wer hat heute noch den Mut, sich selbst treu zu sein, und seine Seele nicht an den herrschenden Lauf der Dinge zu verschachern? Und schon allein, dass solche Redeweisen heute vollkommen antiquiert wirken, sagt etwas aus. «Die Verdunkelung von Europa kann davon abhängen ob fünf oder sechs freiere

204 FW *Vorspiel* 7. Der lateinische Titel des Gedichts lautet übersetzt: «Gehe mit mir – gehe mit dir.»

Geister sich treu bleiben oder nicht»[205], schrieb Nietzsche 1876. Das gilt auch heute.

Neues will der Edle schaffen und eine neue Tugend. Altes will der Gute, und dass Altes erhalten bleibe.

Aber nicht das ist die Gefahr des Edlen, dass er ein Guter werde, sondern ein Frecher, ein Höhnender, ein Vernichter.

Ach, ich kannte Edle, die verloren ihre höchste Hoffnung. Und nun verleumdeten sie alle hohen Hoffnungen.

Nun lebten sie frech in kurzen Lüsten, und über den Tag hin warfen sie kaum noch Ziele.

«Geist ist auch Wollust» – so sagten sie. Da zerbrachen ihrem Geiste die Flügel: nun kriecht er herum und beschmutzt im Nagen.

Einst dachten sie Helden zu werden: Lüstlinge sind es jetzt. Ein Gram und ein Grauen ist ihnen der Held.

Aber bei meiner Liebe und Hoffnung beschwöre ich dich: wirf den Helden in deiner Seele nicht weg! Halte heilig deine höchste Hoffnung! –[206]

---

205 NF 1876 19 [35].
206 Za, *Baum*.

Anhang:
Materialien zur ‹Nietzsche-Front›

Facebook-Banner der Nietzsche-Front.

Profilbilder der Nietzsche-Front auf Deutsch und auf Englisch.

Gegen Krieg und Arbeitswahn!

Krieg und Arbeitswahn sind sichere Zeichen kultureller Degeneration.

Anstatt das Geld für Bildung, Fortschritt und Kultur zu INVESTIEREN, wird es in sinnlose Kriegseinsätze gesteckt und einen unfähigen „Geheim"dienst.

Allein die Bundeswehr frisst jährlich 38,5 Milliarden Euro. Das sind fast 500 € pro Einwohner!

Durch die HARTZ-„Reformen" werden wir gleichzeitig für den Arbeitsmarkt mobilisiert und entwürdigenden Zwangsmaßnahmen unterzogen.

Die Bundeswehr, der Verfassungsschutz, der BND und die militärischen Teile der Polizei sollen abgeschafft und dafür ein BEDINGUNGSLOSES GRUNDEINKOMMEN eingeführt werden.

„Giebt man sich für Macht, für grosse Politik, für Wirthschaft, Weltverkehr, Parlamentarismus, Militär-Interessen aus, – giebt man das Quantum Verstand, Ernst, Wille, Selbstüberwindung, das man ist, nach *dieser* Seite weg, so fehlt es auf der andern Seite."

„Wer von seinem Tage nicht zwei Drittel für sich hat, ist ein Sclave, er sei übrigens wer er wolle: Staatsmann, Kaufmann, Beamter, Gelehrter."

„Damit das Haus von Narren und Verbrechern sich obenauf fühlt, zahlt Europa jetzt jährlich 12 Milliarden, reißt es Klüfte zwischen den werdenden Nationen auf, hat es die hirnverbranntesten Kriege geführt, die je geführt wurden."

„‚Deutschland, Deutschland über Alles', ich fürchte, das war das Ende der deutschen Philosophie ..."

„Aus Mangel an Ruhe läuft unsere Civilisation in eine neue Barbarei aus. Zu keiner Zeit haben die Thätigen, das heisst die Ruhelosen, mehr gegolten. Es gehört desshalb zu den nothwendigen Correcturen, welche man am Charakter der Menschheit vornehmen muss, das beschauliche Element in grossem Maasse zu verstärken."

Schließt euch uns an!

https://www.facebook.com/Die-Nietzsche-Front-386277481849969/

Linkes Flugblatt der Nietzsche-Front

Für den KRIEG! Für die Rettung des ABENDLANDES!

Die lange Zeit des „Friedens" hat uns weichlich und mürbe gemacht.

Das fromme Pastorentöchterchen MERKEL hat Hundertausende von „Flüchtlingen" in UNSER Land gelassen.

EUROPA muss zu neuer Wehrhaftigkeit und MÄNNlichkeit finden, um der barbarischen Flut aus dem Süden Einhalt zu gebieten.

Wir müssen die christlichen Wurzeln „unserer" Politik endlich TILGEN: Mitleiden ist eine SÜNDE! Nur Stärke bewährt sich in dieser Welt!

Wir brauchen eine neue „GROSSE Politik" im Sinne NIETZSCHES, eine Politik der SELBSTbehauptung des „Willens zur MACHT".

„Ihr sagt, die gute Sache sei es, die sogar den Krieg heilige? Ich sage euch: der gute Krieg ist es, der jede Sache heiligt. Der Krieg und der Muth haben mehr grosse Dinge gethan, als die Nächstenliebe. Nicht euer Mitleiden, sondern eure Tapferkeit rettete bisher die Verunglückten."

„Der Mann soll zum Kriege erzogen werden und das Weib zur Erholung des Kriegers: alles Andre ist Thorheit."

„So will ich Mann und Weib: kriegstüchtig den Einen, gebärtüchtig das Andre."

„Der Krieg erzieht zur Freiheit. Denn was ist Freiheit! Dass man den Willen zur Selbstverantwortlichkeit hat."

Wir fordern:

- Einen Bundeskanzl*ER* an der Spitze des Staates.
- Eine DICHTE europäische GRENZE. (Schusswaffeneinsatz!)
- Wiedereinführung der WehrPFLICHT.
- Frauen RAUS aus der Bundeswehr.
- Rücksichtslose Militärschläge gegen TERRORISTEN jedweder Art.
- Schluss mit dem GENDER-QUATSCH.
- Konsequente NIEDERhaltung des Islam, des Buddhismus und der dekadenten Teile des Christentums – in Deutschland und der Welt (Vorbild: CHINA).

Schließt euch uns an!

https://www.facebook.com/Die-Nietzsche-Front-386277481849969/

Rechtes Flugblatt der Nietzsche-Front

Kleine Vorschau auf Band 2

Anarchisten, Künstler und sonstige Spinner: Nietzsche bis zum Ersten Weltkrieg: Individuum, Freiheit, Sinnlichkeit: Nietzsche als Stichwortgeber einer undogmatischen Linken — Die Lebensreform — Ein Neubeginn der Kunst: Nietzsche als Philosoph der ästhetischen Moderne — Nietzsche als Prophet eines neuen Judentums — Nietzsche in Weimar 1: Die hellen Jahre des Nietzsche-Archivs — Ein roter Graf: Harry Graf Kessler als prototypischer Links–Nietzscheaner — **Konservativ – revolutionär – faschistisch: Der Rechts–Nietzscheanismus**: Nietzsche in Weimar 2: Dunkle Jahre – Das Weimarer Archiv als Epizentrum der Nietzsche-Verfälschung — Mit Entschlossenheit in den Untergang: Oswald Spengler — Der «heroische Realist»: Ernst Jünger — Kantorowicz' Salonfaschismus — Zurück zum Sein: Martin Heidegger — Nietzsche in Faschismus & Nationalsozialismus — Ein Spezialfall: Ernst Niekisch — Intermezzo: Der nicht gerissene Faden — Nach der Führerdämmerung: Nietzsche und die Neu(st)e Rechte — **Von Psycho- zu Sozioanalyse: Von Freud nach Frankfurt**: Nietzsche als Philosoph der Psychoanalyse — Nietzsche in der klassischen deutschen Soziologie — Nietzsche aus Frankfurt: Zur Nietzsche-Rezeption der Frankfurter Schule — Wessen Vernunft? Lukács' Polemik und die Folgen — **Vom fröhlichen Nihilismus: Nietzsche aus Frankreich**: Engagement in Freiheit: Der Nietzsche des französischen Existenzialismus — Dionysus *redivivus*: Dadaismus und Surrealismus — Kopflos: Nietzsche im Bataille-Kreis — Nietzsche 68: Situationismus & Co. — Das Denken der Macht: Michel Foucault — Schizo-Niesche: Gilles Deleuze und Félix Guattari — ~~Nietzsche~~: Jacques Derrida — Für eine nietzscheanische Politik: François Laruelle — Ein neuer Nietzsche aus Italien — Friederike: Nietzsche und der neuere Feminismus

Die Kontaktdaten des Autors, ein Diskussionforum und weitere Materialien zum Thema stehen auf links-nietzscheanismus.de zur Verfügung.

Hermann Josef Schmidt

Nietzsche absconditus oder Spurenlesen bei Nietzsche

4 Bände, zus. 2.515 Seiten, kartoniert, im Schuber, Euro 100.-
ISBN 978-3-932710-00-1

I. Kindheit

An der Quelle: In der Pastorenfamilie, Naumburg 1854-1858 oder Wie ein Kind erschreckt entdeckt, wer es geworden ist, seine 'christliche Erziehung' unterminiert und in heimlicher poetophilosophischer Autotherapie erstes 'eigenes Land' gewinnt
2 Bände, 1.120 Seiten, kartoniert, Euro 50.- ISBN 978-3-932710-01-0

II. Jugend

Interniert in der Gelehrtenschule: Pforta 1858 bis 1864 oder Wie man entwickelt, was man kann, längst war und weiterhin gilt, wie man ausweicht und doch neue Wege erprobt
1. Teilband 1858-1861, 632 Seiten, kartoniert, Euro 33.-
ISBN 978-3-932710-02-9
2. Teilband 1861-1864, 763 Seiten, kartoniert, Euro 35.-
ISBN 978-3-932710-03-7

Anhand der Kindheits- und Jugendtexte spürt Hermann Josef Schmidt den verborgenen Nietzsche hinter den Masken und Anspielungen auf, heftet sich an die Spuren eines Philosophen, der sein Fühlen und Denken nur verschlüsselt zu Papier brachte.

Hermann Josef Schmidt

„Dem gilt es den Tod, der das gethan"

Nietzsches frühe Entwicklung und einige ihrer Folgen
253 Seiten, kartoniert, Euro 20.-
ISBN 978-3-86569-118-7

Erstmals wird Nietzsches schon durch frühe Erfahrungen stimulierte, in vielen Anläufen bis in die Tage seines Zusammenbruchs vorangetriebene Entwicklung zu einem unerbittlichen Gegner des Christentums und lebensfeindlicher Werte aufgezeigt. So erhalten kritische Leser denjenigen Schlüssel zu Nietzsche, nach dem sie vielleicht schon lange gesucht haben.

Hermann Josef Schmidt

Wider weitere Entnietzschung Nietzsches

Eine Streitschrift. Aufklärungen zu Nietzsche, Band 1

207 Seiten, kartoniert, Euro 14,50.-

ISBN 978-3-932710-26-1

Nietzsches aphoristisch angelegtes Werk ist zweifelsohne interpretationsbedürftig, doch die Vielzahl einander teilweise sogar widersprechender Deutungen verweist auf wissenschaftliche Sorglosigkeit. Schmidt zeigt Defizite und blinde Flecke der Nietzsche-Forschung auf.

Alexander Emanuely

Avantgarde

Band 1: Von den anarchistischen Anfängen bis Dada oder wider eine begriffliche Beliebigkeit

Reihe **theorie.org**, 200 Seiten,
kartoniert, 12,00 EUR,
ISBN 3-89657-680-1

Band 2: Vom Surrealismus bis zu den LettristInnen oder Antikunst und Revolution

Reihe **theorie.org**, 231 Seiten,
kartoniert, 12,00 EUR,
ISBN 3-89657-687-9

Anarchistische Bohémiens bereiteten im Paris des 19. Jahrhunderts mit ihrem Kampf gegen die bürgerliche Gesellschaft den Boden für Dada. Dieser entstand schließlich 1916 in Zürich, in Auflehnung und Wut gegen das blutrünstige Europa des Ersten Weltkriegs. In der Folge kam es zu mehreren Revolutionen, von denen sich eine hat durchsetzen können, nämlich jene in Russland. Diese sollte der nächsten Avantgarde-Generation – den SurrealistInnen – ganz neue Möglichkeiten eröffnen.

Nur einige Jahre nach der Revolution in Russland, nach Dada und den ersten surrealistischen Manifestationen sollten sich in Italien 1922 die FaschistInnen an die Macht putschen.

Die SurrealistInnen um André Breton gehörten zu den ersten, die Widerstand gegen die neue Bedrohung aller Freiheiten leisteten. Fast alle SurrealistInnen von Paris, über Barcelona und Kopenhagen bis Prag waren im Widerstand. New York City und Mexiko City wurden bedeutende Zentren des Avantgarde-Exils.

Und was geschah mit der Avantgarde nach 1945? Nach Auschwitz? Der Lettrist Isidore Isou – der Naziverfolgung nur knapp entkommen und stark beeinflusst von den DadaistInnen und Stéphane Mallarmé – versuchte die Avantgarde wieder zu beleben. Guy Debord schloss Ende der 1950er-Jahre nicht nur mit dem Lettrismus ab, sondern auch mit der Avantgarde. Für ihn war der Versuch, Kunst und Lebenspraxis zu vereinen, gescheitert. Es galt neue revolutionäre Situationen zu finden.